世界经济学科发展报告（2024）

李计广　李川川　桑百川◎等著

中国商务出版社
·北京·

图书在版编目（CIP）数据

世界经济学科发展报告. 2024 / 李计广等著.
北京：中国商务出版社，2025. 2. -- ISBN 978-7
-5103-5579-0

Ⅰ. F11-0

中国国家版本馆 CIP 数据核字第 2025EN3789 号

世界经济学科发展报告（2024）

李计广　李川川　桑百川◎等著

出版发行：中国商务出版社有限公司
地　　址：北京市东城区安定门外大街东后巷 28 号　邮　　编：100710
网　　址：http://www.cctpress.com
联系电话：010—64515150（发行部）　　010—64212247（总编室）
　　　　　010—64515164（事业部）　　010—64248236（印制部）
责任编辑：云　天
排　　版：北京天逸合文化有限公司
印　　刷：宝蕾元仁浩（天津）印刷有限公司
开　　本：787 毫米×1092 毫米　1/16
印　　张：11　　　　　　字　　数：213 千字
版　　次：2025 年 2 月第 1 版　　　　印　　次：2025 年 2 月第 1 次印刷
书　　号：ISBN 978-7-5103-5579-0
定　　价：128.00 元

序　言

当今世界正处于百年未有之大变局，世界经济格局同样处于大变局之中前所未有的转型期，呈现出确定性与不确定性并存的复杂局面。回顾 2023 年，在世界贸易需求不振、主要经济体通胀高企、全球金融脆弱性加剧等多重因素的影响下，世界经济增长动力不足，充满了不稳定、不确定和难以预测的挑战。2024 年，世界经济仍处于动荡、分化和变革的时期。世界经济增长分化加剧，新一轮科技革命的影响复杂而深刻。伴随着部分发达国家“去风险化”兴起，单边化内向化区域化加速，全球经济“脱钩”风险加剧，这些议题成为世界经济学科领域关注的焦点。本报告重点关注了 2023—2024 年世界经济学科的年度热点问题，着重围绕三个专题展开分析。

面对波动加剧、发展失衡的国际环境，世界经济平稳运行风险和阻力不断积聚，变数与波动也有所增多，增长前景面临更大的挑战。特别是地缘政治局势持续紧张、全球贸易和投资增长乏力、世界主要经济体政策导向尚不明确所带来的短期风险和结构脆弱性问题尤为突出。在这个背景下，全球经济体系中的各个环节正经历着深刻变革，全球贸易与投资治理、金融治理、发展治理以及创新治理格局也不例外。同时，伴随着全球产业链重塑、供应链重构、价值链重建，全球经济领域的重大现实问题也不可忽视，信息技术的发展催生了跨国公司的数字化革新，全球生产网络存在延宕变化的可能。

纷乱复杂的国际经济环境给中国的经济发展带来了深远影响，也对中国维护世界经济稳定运行提出了更高的要求。在未来的一个时期内，中国应密切跟踪分析全球政经环境演变，前瞻研判重大国际政治经济事件走向及影响，以高水平开放促进高质量发展，为世界经济增长正向赋能，为人类和平发展做出积极贡献。

经济学作为一门社会科学，内容涵盖多个领域的理论知识，研究方法也在不断发展和完善。在当今大数据时代，经济学家在运用传统的经济学理论和方法的基础上，借助大数据、人工智能等新兴技术手段，从多个角度和层面揭示当前世界经济现象的奥秘，并从当前的经济学现象中探索出新的社会发展规律。本报告使用大数据、人工智能的研究手段，采用文献计量研究方法，梳理了 1998—2023 年国内外世界经济学科的发展趋势，从世界经济学科的研究动向、资助格局、研究机构及高被引论文四个方面，多角度全方位呈现世界经济学科的发展历程与现状。

本报告由对外经济贸易大学国际经济研究院研究团队完成，以综合篇和专题篇两种形式呈现，通过整理和比较不同学者对这些专题的研究与见解，帮助读者提高文献研读效率、厘清文献前沿、发现研究空白。综合篇总体回顾了世界经济学科发展现状与趋势，由郭建成、张华和吴晓媛撰写。专题篇分为三个部分：世界经济形势研究由武云欣撰写；经济全球化与治理研究由姜震宇和李萌撰写；经济领域重大现实问题研究由宫方茗和苏小莹撰写。李计广、李川川和桑百川负责报告的框架设计和修改校正，宫方茗和苏小莹负责统稿工作。

鉴于时间紧迫且内容繁多，尽管已经多次校对，但仍难免出现疏漏。文责由编者自负，恳请读者和专家批评指正。

作　者

2024 年 12 月

目　录

综合篇

专题篇

综合篇

第一章　世界经济学科发展现状与趋势

一、世界经济学科的研究动向

（一）文献研究动向

世界经济学科研究内容主要涉及经济全球化与逆全球化、多边区域和双边合作、国际金融、国际投资、货币体系、宏观经济、数字技术、经济治理等领域。本报告以中国知网（CNKI）和引文索引类数据库（Web of Science）作为文献检索平台，对世界经济领域内的中英文文献进行检索[①]。其中，中文文献检索范围是截至2023年收录于中文社会科学引文索引（CSSCI）数据库的学术论文，在进行初步数据清洗工作之后[②]，最终得到50576篇有效样本报告文献；英文文献检索范围是截至2023年收录于社会科学引文索引（SSCI）数据库的学术论文，在对数据进行初步清洗之后[③]，最终得到35526篇有效样本文献。基于这些文献，报告通过对世界经济学科相关文献资料进行文献计量分析，识别学科文献数量、研究方法、研究领域、作者合作的新趋势和新特征。

1. 发文情况分析

世界经济领域的中文核心期刊文献呈现先增长后稳定的态势（见图1-1）。从发文量来看，2010年前世界经济领域的中文核心期刊数量稳步上涨，2009年发文量达

① 详细检索词见附录。

② 中文数据清洗工作包括删除重复文献、会议报道、期刊征稿、卷首语、选题推荐、期刊学院介绍、书评和读后感等无效数据，删除国际贸易主题文献，并只保留来源期刊属于经济学学科的文献数据。

③ 英文数据清洗工作包括删除重复文献和会议论文，删除缺失摘要、关键词、作者、参考文献、研究机构等关键信息的数据，删除篇名和关键词中涉及“trade”“import”“export”“tariff”等字样的数据，并只保留来源期刊属于经济学学科权威类以上的文献数据。

到峰值，为 2481 篇。这一时期的发文量增长反映出我国世界经济领域的关注度逐步提升，热点效应逐步显现。2010 年之后发文数量趋于稳定，维持在每年约 2500 篇的水平，这与学术出版资源的饱和及研究领域的成熟有关。从发文增长率趋势来看，2000 年初期和 2010 年后，发文增长率表现出明显的波动，这种波动可能与外部经济环境、学术政策变化或特定时期的热点研究主题相关。近年来，随着中国在全球经济中的地位不断提升，以及全球经济形势的复杂化，学术研究的重点逐渐从数量扩展向质量提升和领域深度探索转变。伴随着人工智能、大数据、区块链等新技术的应用，学术界对数据质量和研究方法的要求也在不断提升，中文核心期刊的发文量或将进入一个新的增长阶段。

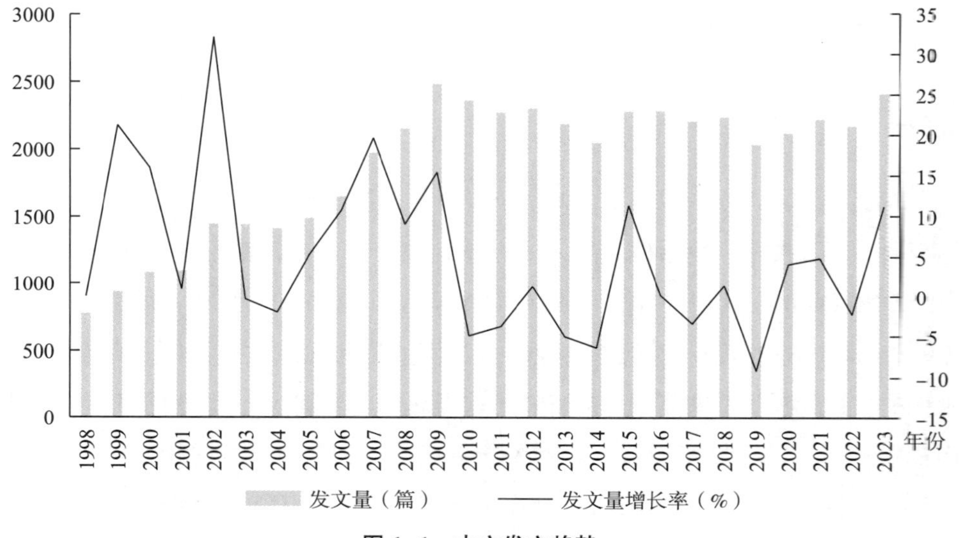

图 1–1　中文发文趋势

世界经济领域的英文核心期刊文献发文量总体呈现出显著的增长趋势（见图 1–2）。从发文量来看，2004 年以前是世界经济领域研究的初步积累阶段，这一阶段每年发文量低于 200 篇。2004 年发文量首次超过 500 篇并在此之后逐年上涨，直到 2023 年世界经济领域的英文文献发文量达到 2143 篇。这一数据反映出进入 21 世纪以来，随着全球化发展，学者们对于世界经济领域相关议题的研究兴趣持续高涨，从而推动了大量学术文献的产生。从发文增长率趋势来看，增长率在整个时间段内波动较大，尤其在 2004 年达到峰值，这与该年度发文量的异常增加相对应。在此之后增长率趋于稳定，这表明，经过 2004 年的爆发式增长后，该领域的研究进入了一个较为稳定的发展阶段，研究活动变得更加系统化和持续化，不再受到短期事件的强烈影响，而是逐渐进入长期的、有规律的增长轨道中。从整体来看，世界经济领域的研究自 21 世纪初以来经历了爆发式发展，并在近年来形成了稳定发展态势。未来该领域的研究可能会继续深化，并对全球经济问题提供更为系统和深入的分析与解释。

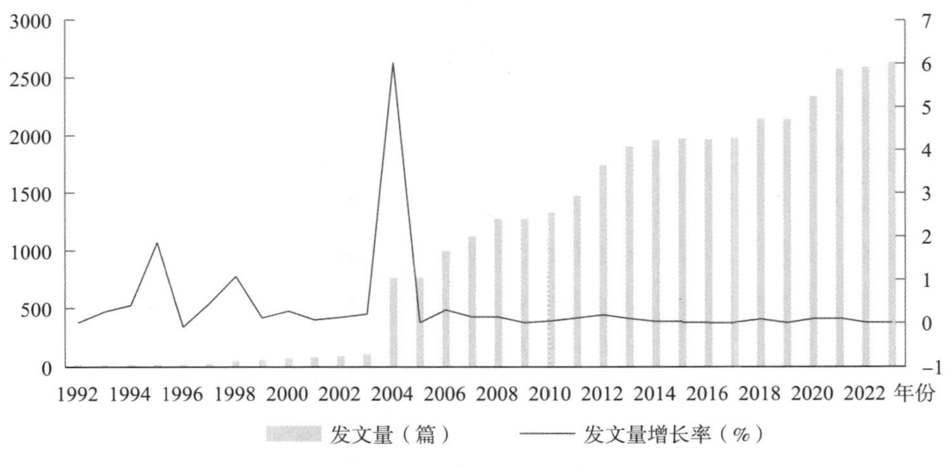

图 1–2　英文发文趋势

2. 研究方法分析

研究方法作为学科研究的重要组成部分，为学者提供了系统化的分析视角、工具和研究框架。研究方法的选择不仅决定了研究的严谨性，还直接影响到研究成果的适用性与科学性。随着世界经济领域研究问题的日益复杂，研究方法也在持续演进与创新，以保证研究分析的深度与广度与时俱进。该报告深入对比分析了各类研究方法的使用频次，并探讨了交叉学科方法的应用，旨在揭示不同方法在学术研究中的广泛性与独特性。

为了统计各类研究方法的使用频次，报告依据分析经济问题的不同手段，把常见的经济学研究方法划分为定性分析和定量分析两种类别，其中定性分析主要包括文献分析、历史分析、案例研究、比较分析、政策分析等；定量分析则包括构建数理模型、计量分析方法、实验方法、描述分析和统计分析。通过提取文献摘要或关键词中具体的研究方法对其进行归类汇总，以及对当前主流经济学研究方法形成较为清晰的认知。

表 1–1 统计了各类研究方法的使用频次信息。在 CNKI 数据库中，定量研究方法中的计量方法和数理模型的使用频次明显高于其他方法，分别为 14239 次和 11326 次。这些数据反映了计量方法和数理模型在世界经济研究中的核心地位，并且随着数据可获得性的提高和技术进步，这些方法在未来的使用空间将更为广阔。

实验方法的使用频次最少，主要因为实验方法在经济学和社会科学中的使用成本较高，且复杂度较大。定性分析方法中，政策分析是使用频次较高的定性研究方法，总共使用了 5796 次，这表明研究人员更加关注现实问题和政策效果。而案例研究尽管使用频次相对较低，但在研究复杂的社会现象、制度分析和政策评估中仍具有不可替代的作用。在 WOS 数据库中，定量研究方法同样占据了主导地位，数理模型和计量方法的使用频次分别为 13452 次和 12866 次，突显了这些方法在国际经济学研究中的重要性。此外，实验方法在 WOS 中的使用频次达到 2553 次，远高于 CNKI，这表明国际学术界对实验研究的重视程度较高。相比之下，定性分析方法如政策分析和文献分析等的使用频次远低于 CNKI 数据库的频次。这种使用频次的分布反映了世界经济研究对定量方法的高度依赖，并且暗示了定性研究方法在某些特定领域中的独特价值。

表 1-1　中英文文献经济学研究方法统计

研究方法		CNKI		WOS	
		使用频率最高年份	统计时段内使用频次	使用频率最高年份	统计时段内使用频次
定性研究方法	文献分析	2012（58 篇）	607	2019（11 篇）	77
	历史分析	2021（79 篇）	1033	2022（54 篇）	777
	案例研究	2010（123 篇）	2040	2022（54 篇）	667
	比较分析	2016（157 篇）	2679	2015（17 篇）	253
	政策分析	2016（336 篇）	5796	2009（12 篇）	139
定量研究方法	数理模型	2018（762 篇）	11326	2023（931 篇）	13452
	计量方法	2023（998 篇）	14239	2023（1041 篇）	12866
	实验方法	2019（7 篇）	71	2021（224 篇）	2553
	描述分析	2023（56 篇）	639	2023（229 篇）	2769
	统计分析	2018（375 篇）	5734	2023（342 篇）	4049

中英文文献中常用研究方法的对比，能够揭示中外经济学者在研究方法选择上的差异。这种比较有助于学者了解各自研究传统的特点，还能推动国际学术界在方法论上的互鉴与融合，从而提升经济研究的全球视野和整体水平。如图 1-3 所示，VAR 模型作为分析多个时间序列变量之间相互影响的主要方法之一，在中英文文献中得到了广泛应用，且在 WOS 文献中的使用频次明显高于 CNKI。工具变量法和 DSGE 模型在中英文文献中使用频次相近，表明这些方法在全球范围内具有一定的

普遍性。双重差分法和二值选择模型在两个数据库中使用频次差异较大：双重差分法在 CNKI 中的使用频次明显高于 WOS；而二值选择模型在 WOS 中的使用频次显著高于 CNKI。这反映了不同学术体系对于研究方法的偏好差异。此外，倾向得分匹配、合成控制法、Tobit 模型、断点回归等方法由于适用范围有限，在中英文文献中使用频次相对较低，其中倾向得分匹配在 CNKI 文献中的使用频次较高，这一方法通常会与双重差分法搭配使用来估计反事实结果，断点回归在 WOS 文献中的使用频次更为突出，这一方法因其能够在自然实验或准实验设计中识别因果关系而备受国际学术界的青睐。

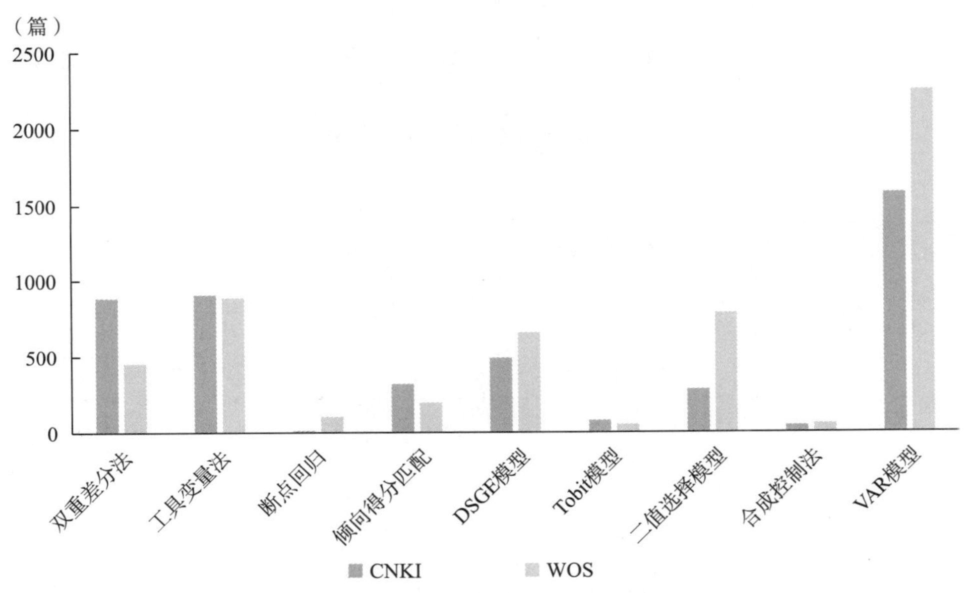

图 1-3 中英文文献常用研究方法频次对比

交叉学科方法的运用不仅丰富了研究的分析维度，还提升了研究的整体科学性与创新性，使得学者能够在更加广泛的知识背景下提出具有实践意义的研究成果。报告通过对不同领域的研究方法进行系统性梳理和整合，展示了地理学、生物学和医学、心理学、计算机科学，以及运筹学等学科在经济学研究中的应用实例。见表 1-2，交叉学科的研究方法整体上应用频次较低，这与学术传统和研究范式、技术门槛和学科壁垒，以及跨学科协作的难度等因素有关。具体来看，空间杜宾模型、引力模型、DEA 模型，以及机器学习等方法的应用频次相对较高。其中，空间杜宾模型是区域经济学研究中常用的空间计量方法。随着全球化与区域经济一体化的深入，经济现象呈现出显著的空间相关性，因此经济学家越来越多地将这一方法应用于世界经济领域的研究之中。引力模型最早应用于国际贸易理论，用来解释国家之间贸易流量的规模与各国经济规模，以及两国之间距离的关系。在经济全球化背景下，国家之间的经济联系越发紧密，国际贸易、投资和人力资源的跨境流动成为经济学研究中的重要课题。引力模型基于其简洁性和有效性，成了研究这些问题的理想工具。DEA 模型广泛应用于经济学中的效率研究，如评估企业、银行、医院等组织的经营效率。随着经济快速发展，如何提高企业和公共部门的效率成为我国经济学研究的重要议题，DEA 模型因其能够处理多输入多输出的复杂系统、高效量化和比较不同决策单元的效率表现而得到了广泛应用。近年来，DEA 模型开始应用于绿色经济、可持续发展等领域。机器学习作为一项新兴技术，近年来在经济学领域中迅速崛起，成为处理复杂经济问题的重要工具，并凭借其强大的数据处理能力逐步改变了传统经济学的研究范式。

表 1-2　交叉学科方法在经济学研究中的应用频次

单位：次

学科	交叉应用方法	使用频次	
		CNKI	WOS
地理学	空间杜宾模型	135	31
	空间自回归模型	49	37
	空间自相关模型	45	39
	空间误差模型	35	38
	引力模型	193	83
生物学和医学	生存分析	62	86
	安慰剂方法	62	27
心理学	行为经济学	32	87
计算机科学	机器学习	99	164
	文本分析	98	21
运筹学	DEA 模型	254	61

3. 研究领域分析

研究领域的演变反映了学科学术发展的方向。关键词共现分析作为一种重要的科学计量工具，能够通过对大量学术文献的关键词进行统计，识别出高频共现的术语和概念，从而勾勒出特定学科或研究领域的发展脉络。报告通过 CiteSpace 软件对中英文学术论文的关键词进行分析，通过关键词词频特征对世界经济学科领域内学者重点关注的研究主题进行分析，定量研究世界经济学科的知识单元结构变化，把握世界经济领域的重点议题与讨论热点，系统深入地分析世界经济领域的研究现状。具体而言，报告对关键词进行了去重处理，在此基础上，报告将同义关键词进行合并，并将关键词共现频次的阈值设为5次，时间切片设置为5年或6年，筛选出满足此阈值的关键词，最后选取其中前15个关键词（见表1-3），对其出现频次和中心性进行统计分析，并将满足条件的所有关键词绘制成关键词共现图谱（见图1-4）。其中，中心性衡量某个关键词在整个研究网络中的重要程度，中心性越高，说明这个关键词与其他关键词的共现频率越高；中心性低则表示该关键词相对独立或只集中于某些特定领域。

中文文献方面，学者们侧重于围绕宏观经济政策和全球化背景对中国经济转型过程中产生的现实问题展开讨论。高频关键词的分布和中心性既体现了传统研究的重要性，也揭示了新兴议题的崛起。从关键词频次来看，“货币政策”是中文文献中一个重要的研究主题，且这一主题与“通货膨胀”“金融危机”“经济发展”等关键词密切相关，反映了学者们对中国经济稳定、通货膨胀控制、经济增长调节等宏观经济问题的高度关注。此外，频次较高的还有“数字经济”等新兴领域的关键词，以及“跨国公司”“制造业”等现实经济问题，这表明国内对世界经济领域研究具有强烈的政策导向性，学者们更加注重将研究成果应用于实际的经济管理和政策制定中，以应对复杂多变的经济环境。

表1-3 中文文献高频关键词中心性与频次（TOP 15）

序号	频次（次）	中心性	年份	关键词
1	2314	0.79	1999	货币政策
2	1305	0.01	1998	金融危机
3	1137	0.09	1998	经济发展
4	813	0.84	2018	数字经济
5	615	0.45	1999	跨国公司
6	557	0.28	2000	中国
7	552	0.50	2000	技术创新
8	460	0.40	1998	比较优势
9	442	0.15	2003	制造业
10	394	0.00	2000	不确定性
11	393	0.03	2004	通货膨胀
12	374	0.41	2000	跨国并购

续表

序号	频次（次）	中心性	年份	关键词
13	372	0.27	1998	竞争优势
14	362	0.01	1998	国际比较
15	354	0.17	1998	汇率

从共现图谱关联来看，中文文献中经济理论与现实问题联系密切。首先，“货币政策”占据图谱的中心位置，并且与“通货膨胀”“财政政策”“金融稳定”“金融监管”等多个关键词联系密切，这表明学者对于这些议题进行了广泛而深入的研究，其原因可以追溯到中国经济的快速转型和全球化背景下的复杂经济环境。其次，“制造业”“不确定性”“金融稳定”“全球化”等关键词是当前全球化过程中的重要问题，这些问题始终是世界经济领域内学者关注的重点。再次，全球化相关议题如“跨国公司”“跨国并购”“区位选择”以及“中国”“美国”“区域经济”等关键词也常被学者们置于同一框架内展开讨论，用以全面揭示全球经济互动的多层次性和动态特征。最后，“数字经济”“技术创新”“产能过剩”“环境规制”等议题是世界经济领域中的新兴研究方向，学者们将这些议题与“共同富裕”“制度创新”“人力资本”“产业政策”等传统议题相结合，这种关联反映出学者们对当前经济结构转型过程中出现的新机遇、新挑战的敏锐洞察。

图 1-4　中文文献关键词共现图谱

英文文献方面，学者们更注重全球化背景下的技术创新与市场机制研究（见表 1-4）。从关键词频次来看，(models) 以 5032 次的频次位居榜首，但其中心性为 0，这与学者频繁使用数理模型的研究方法相关，但这一词汇难以与其他议题进行深入互动。“货币政策”（monetary policy）、“增长”（growth）和“不确定性”（uncertainty）等关键词同样在英文文献中频繁出现，说明这一议题都是世界经济领域广泛讨论的议题。而中心性较高的关键词如“信息”与“收益”等表明它们与多个重要议题的紧密联系。

表 1-4 英文文献高频关键词中心性与频次（TOP 15）

序号	频次（次）	中心性	年份	关键词
1	5032	0	1998	models
2	3385	0. 64	2004	monetary policy
3	3363	0. 15	1998	growth
4	2797	0. 72	1999	prices
5	2643	0. 49	2004	uncertainty
6	2383	0. 17	1999	risk
7	2352	0	1995	markets
8	2153	0. 23	1993	policy
9	1959	0	2004	impact
10	1931	0. 2	1995	investment
11	1871	0. 13	2004	business cycles
12	1759	0. 77	1995	returns
13	1330	1. 15	1995	information
14	1310	0	1998	costs
15	1293	0. 04	2004	financial crisis

从共现网络关联（见图 1-5）来看，外国学者侧重于更广泛的全球宏观经济现象和金融市场的动态。首先，“货币政策”（monetary policy）在英文文献中也是最为核心的关键词，这一关键词与“通货膨胀”（inflation）、“模型”（models）、“利率”（rates）等多个关键词紧密相连，表明货币政策在宏观经济研究中的核心地位，以及它对经济增长、市场波动和通货膨胀的广泛影响。其次，“信息”（information）和“价格”（prices）等关键词也占据了较为重要的地位，反映出学者们对信息不对称、市场定价和投资回报的关注。再次，“经济周期”（business cycles）、“增长”（growth）和“风险”（risk）等始终是世界经济领域研究的重点议题，这些议题与经济波动、失业问题、发展不平衡，以及金融危机等现实问题密切相关，关乎国家宏观经济政

策的制定，也涉及全球经济格局的变化。最后，“创新”（innovation）和“技术”（technology）在经济学中的重要性日益提升，与产业转型、全球化等议题紧密结合，是当前世界经济领域的研究热点，尤其是在全球科技快速进步和数字化转型的背景下，这些关键词的重要性越发凸显。学者们广泛探讨了创新和技术对知识扩散、生产效率及产业结构优化的深远影响。

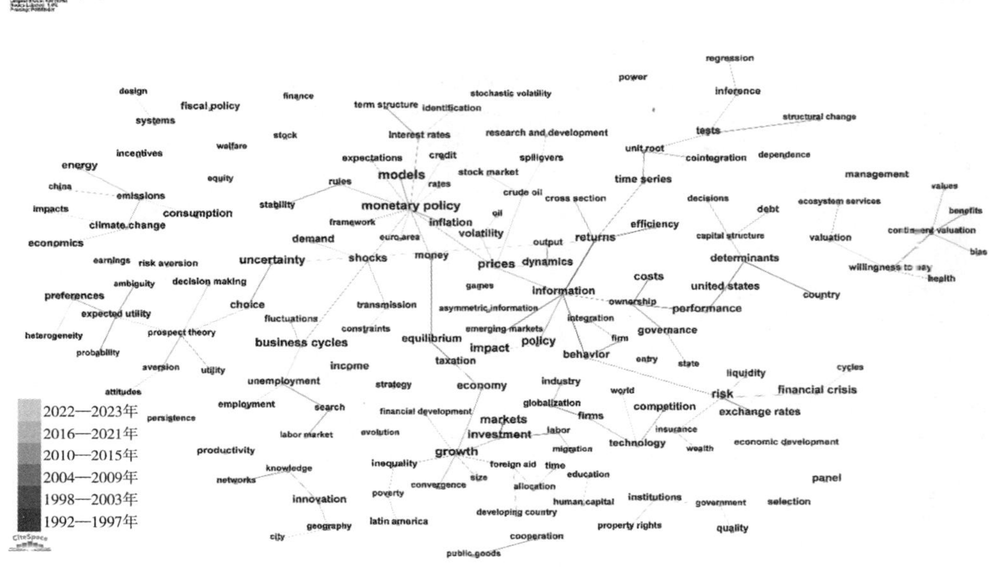

图 1-5 英文文献关键词共现图谱

关键词聚类图谱通过分析大量文献中的关键词共现关系，报告在关键词共现图谱的基础上，将相似度较高的关键词归为一类，从而在大量数据中提取关键信息，揭示识别学科中的研究热点和不同的研究方向。

中文文献研究侧重于经济政策和全球经济中的宏观议题。如图 1-6 所示，这是中国学术界在世界经济领域中的研究重点，反映了国家政策和经济发展的实际需求。

（1）“数字经济”和“制造业”“金融危机”经常被学者们一起讨论。数字技术的飞速发展，尤其是大数据、人工智能、物联网和区块链等新兴技术的应用对传统制造业产生了深远影响。这些技术通过提高生产效率、优化供应链、改进产品设计和实现智能制造，推动了制造业的数字化转型。此外，数字技术通过创新的风险分析和预测工具帮助金融机构在金融危机期间进行更有效的风险管理。利用大数据和人工智能，金融机构可以更好地预测市场风险、调整资产组合，规避金融危机带来的系统性风险。

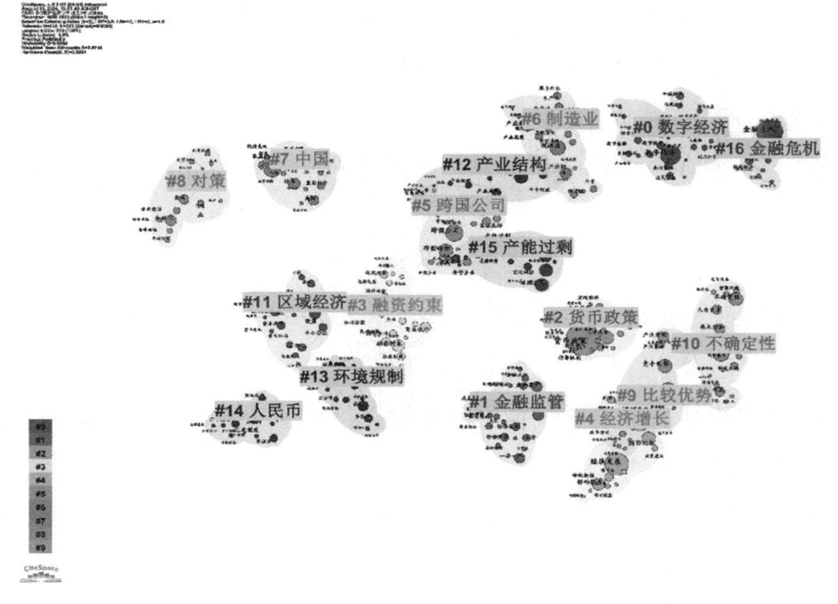

图 1-6　中文文献关键词聚类图谱

（2）“产能过剩”“融资约束”“环境规制”“金融监管”等都是当前中国经济发展亟须解决的重点议题。一方面，“产能过剩”和“环境规制”等问题反映了中国经济在工业化和城镇化进程中积累的结构性矛盾。随着制造业的快速扩张，一些行业的产能严重过剩，导致资源浪费、企业效益下降，市场竞争进一步加剧。钢铁、煤炭、水泥等行业尤为突出。过剩的产能不仅压制了市场价格，也加重了企业的经营负担。过度扩张的产能也加剧了环境压力，资源消耗巨大，对环境的破坏日益加重。因此，环境规制成为缓解产能过剩的必要手段之一。通过严格的环保标准和排放要求，促使企业淘汰落后产能，推动高耗能、高污染行业的转型升级。同时，环境规制政策的出台也为绿色经济的发展提供了方向。高耗能、高污染企业不得不在生产方式上做出调整，以实现资源的节约和环境保护的双重目标。另一方面，“融资约束”和“金融监管”等问题源于现行制度的不足与流程的烦琐，严重制约了企业发展。由于现行金融体系对风险控制有着严格要求，银行贷款门槛较高，审批流程复杂，中小企业常常面临融资渠道有限、资金获取困难等问题。融资约束的问题不仅削弱了企业扩大再生产的能力，还制约了技术创新和产业升级，进一步加剧了市场竞争的失衡。这种资金短缺的状况，长期以来成为企业可持续发展的主要瓶颈。同时，金融监管制度的不完善在某种程度上也加剧了这一困境。尽管近年来中国加大了对金融市场的监管力度，然而一些领域仍存在制度空白和监管漏洞。影子银行、互联网金融等新型金融模式的快速崛起，虽然为企业提供了新的融资途径，但也带来了潜在风险。这些未充分纳入监管体系的金融活动，增加了企业的融资不确定性和金融市场的波动性。此外，现行的金融监管多侧重于风险防控，缺乏对中小企业融资需求的有效支持，使得企业在金融市场中缺乏竞争优势。

（3）“经济增长”“比较优势”“不确定性”在研究领域中的关联性较强。“经济增长”是经济学研究的核心议题，涵盖国家或地区经济体中产出水平的增加、就业率的提升，以及整体生活水平的改善。比较优势是经济增长的重要推动力之一。通过专注于生产具有比较优势的产品和服务，国家或企业可以实现资源的最优配置，提高生产效率，并通过国际贸易增加收入。近年来，中美贸易摩擦、全球供应链重组和新冠疫情的冲击加剧了全球贸易体系和金融市场的波动，给中国的宏观经济政策带来更大的挑战。同时，中国正处于从高速增长向高质量发展的转型期，经济结构调整、技术创新和产业升级都面临较大的不确定性，尤其是企业在技术创新和市场化过程中面临的风险增大，因此，学者们加强了对这些不确定性的研究，旨在提供有效的应对策略来稳步推进经济转型与发展。

英文文献在全球性问题的多元化研究中展现出独特视角，尤其是在金融市场连锁效应、系统性风险防控，以及全球宏观审慎政策的应用上进行深入探讨，提供了更为复杂的模型和实证分析（见图 1–7）。

①“宏观审慎政策”是当前的研究热点。宏观审慎政策的实施旨在防范金融市场的系统性崩溃，在高度不确定的全球金融环境下，这种政策工具不仅用于控制金融市场的波动，还被认为对维持经济的长期稳定具有重要作用。因此，学者们通过实证分析和模型构建，探讨宏观审慎政策在应对金融危机、遏制金融泡沫中的有效性，特别是在新兴经济体和发达经济体中的应用。

②“动态关联性”与“系统性风险”的研究反映了学者们对金融市场的连锁效应和全球金融系统风险的深入探讨。全球经济日益一体化，资本市场的关联性和传导性也显著增强。尤其在金融危机或经济波动期间，不同市场和资产之间的波动性往往会相互传导，形成连锁反应。学者们通过构建复杂的动态网络模型，分析了股票市场、债券市场、外汇市场等多个市场的相互影响，尤其是在不确定性增加和风险积累的背景下，系统性风险的爆发将会对全球金融系统乃至整个经济体系产生深远影响。这类研究不仅对金融机构的风险管理至关重要，还为制定应对金融市场波动的政策提供了理论支持。

③“劳动市场动态”和“道德风险”的研究展示了学者们对经济结构和全球经济运作方式的深刻关注。劳动市场动态不仅涉及就业率、工资水平和劳动供求关系的变化，还包括全球化、自动化和技术进步等对劳动市场结构的深远影响。尤其是在全球生产网络和国际分工不断深化的背景下，劳动市场的灵活性成了应对全球经济不确定性的重要因素。与此同时，“道德风险”作为一种经济现象，广泛存在于各种社会和经济制度中。这一现象将导致资源错配和经济效率下降，特别是在涉及全球责任和集体行动时，经济主体可能在面对共同问题时采取不负责任的行为，转嫁成本给其他参与者。通过对这些问题的深入分析，学者们试图为全球经济的健康发展提供更加健全的理论基础与政策建议，以应对未来可能出现的复杂经济问题。

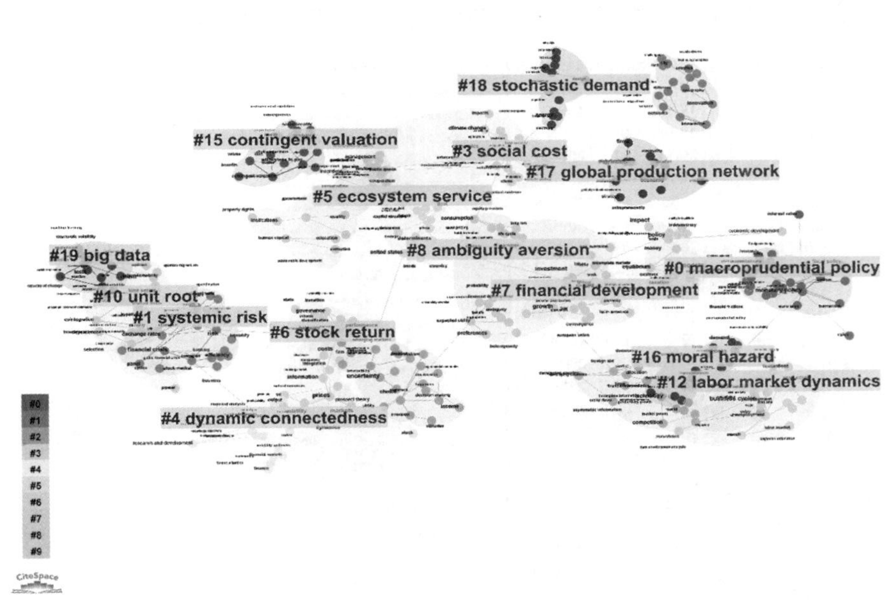

图 1-7　英文文献关键词聚类图谱

突现关键词的背后往往是经济事件、政策推动、技术进步及全球风险等多重因素的共同作用，这些突现反映了学术界对现实问题的关注，也反映了研究热点的变迁和未来可能的研究方向。报告对研究期限内的中英文文献进行了关键词突现分析，结果如图 1-8 和图 1-9 所示。

中文文献的关键词突现情况主要与对我国产生深远影响的国内外经济的重大事件密切相关。具体来看，关键词“跨国公司”“竞争优势”和“入世”等关键词在1999年到2012年期间的引文强度最高，反映了当时中国学者对于融入全球生产网络，以及全球化背景下的企业竞争力问题的关注。“金融危机”“通货膨胀”和“欧债危机”等关键词在2008年以后引起了学界的广泛讨论，这与全球金融危机的爆发密切相关。2013年习近平总书记提出了共建“一带一路”倡议，这一议题迅速在学术界展开了广泛讨论。与此同时，中国经济开始从高速增长向高质量发展阶段过渡，产能过剩等问题日益凸显。学者们对如何通过共建“一带一路”扩大海外市场、消化国内过剩产能展开了广泛讨论，学术研究重点也逐渐转向如何通过国际合作和政策调整解决国内经济发展中的结构性问题。从2018年开始，数字经济相关的关键词如“数字经济”“数字技术”“数字金融”等成了新的研究热点，在信息技术迅猛发展的背景下，学术界对数字化转型等问题展开了深入探讨。

Top 25 Keywords with the Strongest Citation Bursts

Keywords	Year	Strength	Begin	End	1998 — 2023
跨国公司	1999	155.09	**1999**	2012	
竞争优势	1998	75.61	**1998**	2007	
对策	1998	69.76	**1998**	2007	
“入世”	2000	61.13	**2000**	2007	
中国	2000	41.63	**2000**	2007	
反倾销	2000	38.27	**2000**	2012	
世贸组织	2000	29.32	**2000**	2007	
产业集群	2004	30.36	**2004**	2012	
金融危机	1998	334.38	**2008**	2012	
通货膨胀	2004	36.55	**2008**	2017	
欧债危机	2011	33.48	**2011**	2017	
共建“一带一路”	2014	74.69	**2014**	2022	
产能过剩	2005	61.5	**2013**	2022	
新常态	2015	30.77	**2015**	2017	
异质性	2013	28.05	**2013**	2023	
数字经济	2018	397.82	**2018**	2023	
双循环	2020	62.44	**2020**	2023	
企业创新	2018	53.63	**2018**	2023	
融资约束	2008	53.43	**2018**	2023	
数字技术	2019	51.85	**2019**	2023	
中介效应	2018	49.75	**2018**	2023	
数字金融	2018	33.31	**2018**	2023	
乡村振兴	2018	29.53	**2018**	2023	
营商环境	2018	28.67	**2018**	2023	
数据要素	2020	28.5	**2020**	2023	

图 1-8　中文文献前 25 位突现关键词

英文文献的关键词突现特征体现了学者们对全球性问题、金融市场不稳定性、技术变革及全球挑战等议题的深度关注。相比于中文文献侧重于国内重大事件的影响，英文文献更倾向于从全球视角研究经济和金融市场的运行，强调跨国经济联系、全球市场波动和技术创新带来的机遇与挑战。这种全球化的视角使得英文文献在全球经济治理、市场风险管理，以及新兴技术的应用等领域的研究具有较强的前瞻性。具体而言，“均衡”“投资”“汇率”“货币”“增长”等关键词在20世纪末21世纪初期集中突现，反映了学术界对全球经济基础理论和资本市场运作机制的深入研究。20世纪20年代中期，最大似然估计等研究方法，以及购买力平价、理性预期、不完全信息等理论内容受到广泛讨论。2016年之后，关键词如“机器学习”“原油”“波动溢出效应”和“系统性风险”等议题的研究迅速增长，反映了学者们对全球经济中能源市场和技术革新日益重视。尤其是“机器学习”作为一种新兴技术手段，已经广泛应用于金融、经济预测等多个领域，并对全球经济产生了深远影响。与此同时，为应对全球经济不确定性和粮食危机，关于“量化宽松”和“食品安全”的研究也在近年来引起关注。

Top 25 Keywords with the Strongest Citation Bursts

Keywords	Year	Strength	Begin	End	1992 — 2023
equilibrium	1995	32.12	**1995**	2009	
investment	1993	28.23	**1993**	2009	
exchange rates	1998	43.25	**1998**	2009	
money	1998	26	**1998**	2009	
growth	1998	20.59	**1998**	2003	
contingent valuation	2004	28.1	**2004**	2009	
purchasing power parity	2004	24.56	**2004**	2015	
specification	2004	23.64	**2004**	2015	
rational expectations	2004	23.35	**2004**	2009	
incomplete information	2004	21.3	**2004**	2015	
incomplete markets	2004	21.12	**2004**	2009	
business cycles	1999	20.51	**2004**	2009	
overlapping generations	2004	18.86	**2004**	2009	
indivisible labor	2004	18.12	**2004**	2009	
experimental economics	2010	18.46	**2010**	2015	
impact	2004	75.48	**2016**	2023	
crude oil	2010	31.03	**2016**	2023	
machine learning	2017	30.79	**2017**	2023	
energy	2004	26.14	**2016**	2023	
food security	2016	22.31	**2016**	2021	
volatility spillovers	2016	21.35	**2016**	2023	
women	2016	20.75	**2016**	2021	
impacts	2010	19.2	**2016**	2023	
quantitative easing	2016	19.15	**2016**	2021	
conflict	2016	18.96	**2016**	2021	

图1-9　英文文献前25位突现关键词

4. 作者构成分析

对中英文文献中作者合作进行共现分析可以直观地了解学者在世界经济领域内的合作现状。报告使用CiteSpace软件绘制中英文文献作者合作网络图谱，以此揭示世界经济领域内的关键人物和合作网络（见图 1-10）。

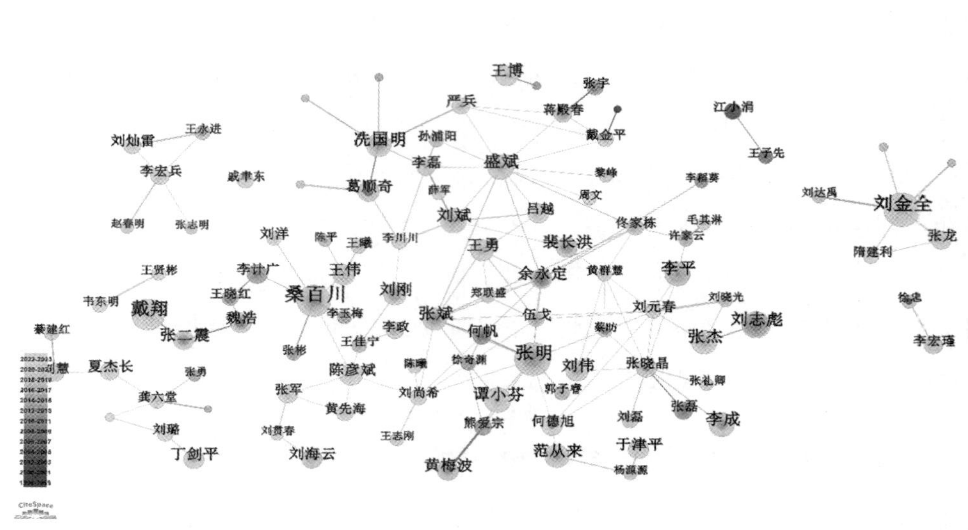

图 1-10　中文文献作者合作图谱

英文文献的合作网络呈现出更为全球化的特点，学者间的合作超越了国界，且合作主题更加广泛（见图 1-11）。

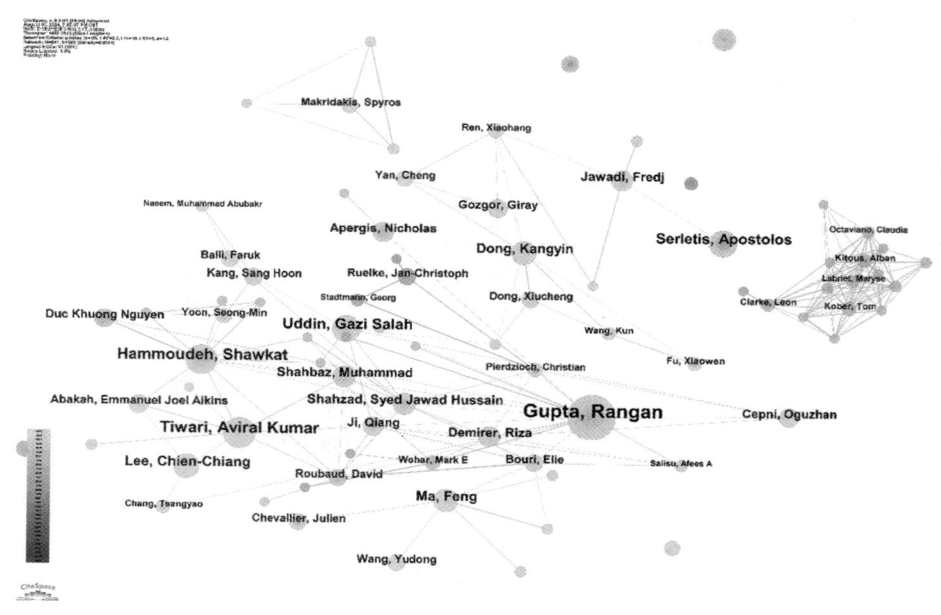

图 1-11　英文文献作者合作图谱

5. 机构构成分析

机构共现网络图谱反映了不同研究机构在某一领域中的合作关系及其在学术网络中的影响力。报告使用 CiteSpace 软件对中英文文献中作者所在机构绘制共现图谱，以此反映不同机构之间的合作关系和频率。

中文文献中，机构合作主要集中在国内高校和研究机构，核心机构在国内虽然具有很大的影响力，但在全球学术网络中的影响力相对较小。如图 1-12 所示，中国社会科学院等研究机构，以及中国人民大学、南开大学、南京大学、对外经济贸易大学等高校处于中心位置，表明这些机构在世界经济领域中具有重要影响力和较强的学术合作网络。国内合作网络更多地聚焦于国内机构之间的合作，尽管一些高校如清华大学、复旦大学、中国人民大学等也与国际机构有合作，但整体上国际化合作的程度相对较低。这种合作模式反映了中国高校在推动国内经济学研究的同时，仍需在国际合作中进一步加强，以融入全球学术网络的深层次互动。

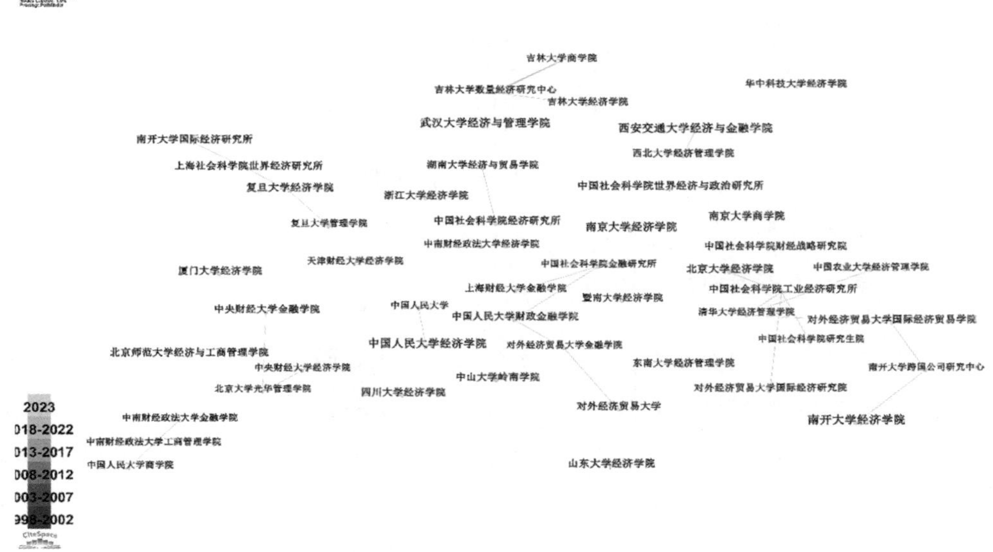

图 1-12　中文文献机构合作图谱

国际合作网络展现了更广泛的国际化合作，特别是跨国界、跨机构的深度合作。如图 1-13 所示，美国国家经济研究局（National Bureau of Economic Research）、美国联邦储备系统、加利福尼亚大学系统、剑桥大学（University of Cambridge）、伦敦大学（University of London）等知名机构处于中心位置，其他如耶鲁大学（Yale University）、国际货币基金组织（IMF）等国际知名高校和机构通过密切的合作网络，进一步增强了其在世界经济领域的学术影响。这种国际化的合作为经济学研究提供了更多元的视角和更加丰富的数据支持。

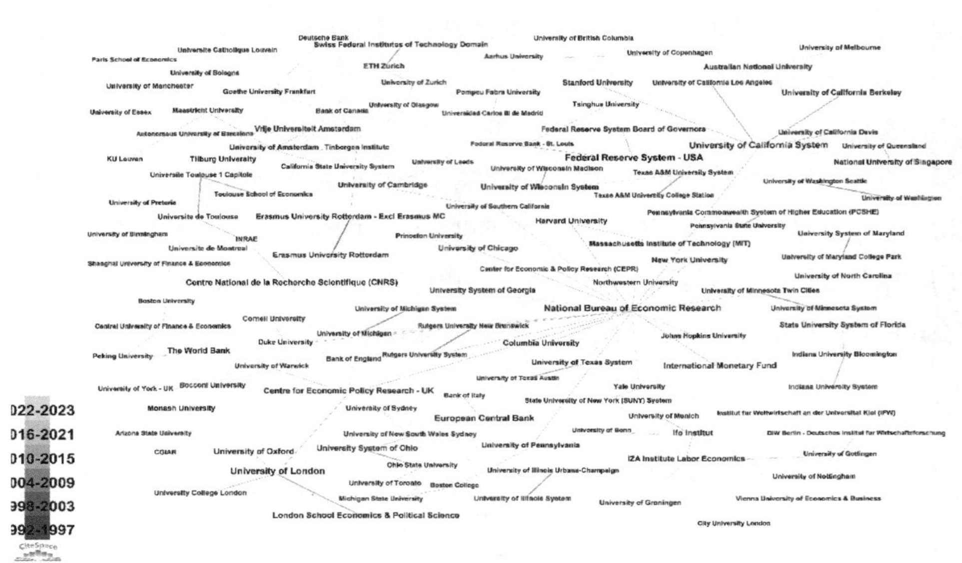

图 1-13　英文文献机构合作图谱

（二）学会发展动向

学术交流是驱动学科建设与发展的核心动力源泉，而各类学会及学术团体的创立，正是为了响应学科建设与促进学术交流活动丰富完善的迫切需求。学会的主要任务是组织协调相关学科议题的研究，并推动学术交流活动向专业化、规模化、制度化的方向迈进。因此关注世界经济学科的发展离不开关注相关学会的贡献。下面将分两个方面从各学会的总体发展情况及世界经济学科方向的典型学会代表的发展情况进行分析。

1. 学会总体发展情况

学术会议是学者及时发布和跟进学术前沿信息的主要渠道，因此基于各学会官网及社交媒体，收集整理得到主要经济学会近十年举办年度学术会议及主题论坛的情况（见表 1-5），由此来考察学会的发展动向。目前多家学会已发展出较为成熟的学术交流机制，即通过定期组织学术年会和主题论坛相结合的方式丰富学术交流活动。

中国世界经济学会作为全国世界经济研究领域一流的学术团体，自成立以来大力推动了世界经济学科发展，不仅每年召开一次全国学术年会，还开展了若干有关世界经济重大理论和实际问题的专题学术研讨会，即学会的年度专题论坛，截至目前包括世界经济中青年论坛、国际投资论坛、数字经济论坛、国际金融论坛、俄罗斯经济论坛、国际贸易论坛、世界经济中青年论坛。中国亚洲太平洋学会作为中国海洋领域的国家级学会，关注多领域、多行业、多学科，基于此，中国亚洲太平洋学会为进一步增进学术交流的专业化水平、提升学术凝聚力、促进学科向精发展，前后成立了东北亚分会、国际经贸分会与东盟分会，以应对世界百年变局加速演进、世界经济形势纷繁复杂的现状，对于深入研究世界经济相关议题具有十分重要的现实意义。

表 1-5　2014—2024 年学会组织会议情况

单位：次

学会/机构	会议次数	学会分会	会议次数
中国世界经济学会	43		
中国亚洲太平洋学会	16	中国亚洲太平洋学会东北亚分会	3
		中国亚洲太平洋学会国际经贸分会	2
		中国亚洲太平洋学会东盟分会	1
中国区域经济学会	11		
中国国际经济交流中心	11		
中国国际经济合作学会	3		
中国国际金融学会	8		
北京大学中国宏观经济研究中心	6		
中国工业经济学会	12		
中国数量经济学会	2		
中国留美经济学会	10		
中国经济学年会	3		
新兴经济体研究会	5		

注：中国世界经济学会与新兴经济体研究会共同承办了第十一届亚洲研究论坛。

2. 中国世界经济学会发展情况

通过上文总结整理的会议情况不难看出，中国世界经济学会在推动世界经济学科建设中做出的卓越贡献，因此下面将重点报告中国世界经济学会的发展现状，由点带面地呈现目前学会的发展动向。

（1）学会组织建设。作为全国规模最大、专业水平最高、最具代表性和影响力的学术团体，中国世界经济学会吸纳了全国多位知名的专家学者，他们不仅在自己的研究领域内深耕不辍，引领学术前沿，还通过跨学科的交流与合作，共同推动世界经济学科的深度融合与发展。在学会的框架下，副会长单位作为重要的组成部分，承载着主办或协办学术会议、研讨会或主题论坛的职责，力求为广大研究者提供宝贵的交流与学习机会。下面整理了中国世界经济学会副会长单位近年来主办学术会议的情况（见图 1-14）。从图中可以看出，中国世界经济学会的副会长单位主要是由高校与科研院所构成的，其中复旦大学、对外经济贸易大学与中央党校近年来承担了较多次的学术会议组织及承办工作。根据收集整理到的信息可知，复旦大学主要负责组织年度中国世界经济学科专家学术论坛和中青年学者学术论坛，对外经济贸易大学主要负责组织 WTO 与中国学术年会，而中央党校主要负责组织全国党校系统的经济学年会，可见各单位不仅积极承担促进学术交流沟通的责任，也充分发挥自身学科建设优势，为全国各学术院所及专家学者提供更具专业性和权威性的高水平学术交流平台，从而对世界经济学科建设做出应有的贡献。

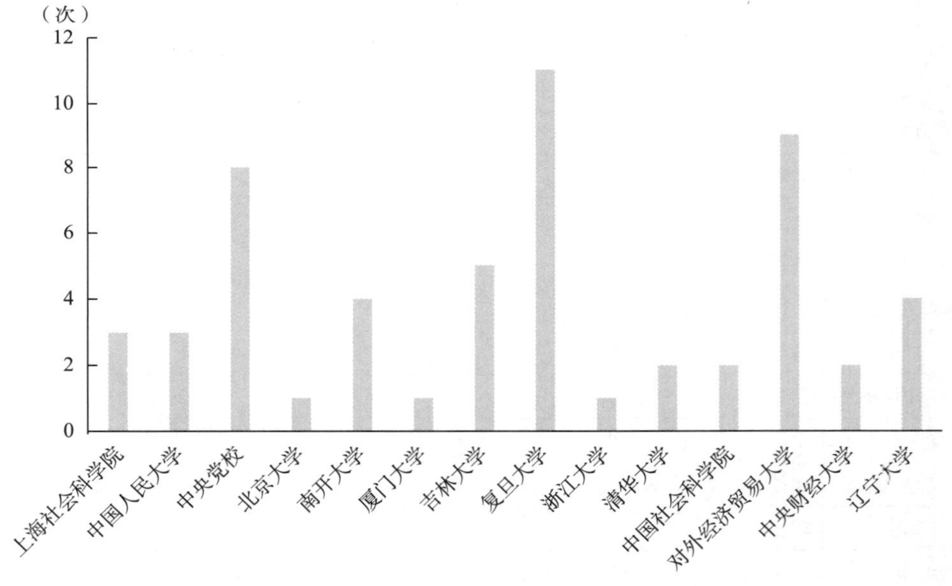

图 1-14　2014—2024 年中国世界经济学会副会长单位组织会议情况

（2）学会主办期刊。中国世界经济学会主办期刊质量高，编辑出版的刊物为《世界经济》、《国际经济评论》和 *China & World Economy*（《中国与世界经济》），其中中文期刊《世界经济》和《国际经济评论》均被北大核心和 CSSCI 所收录，英文

期刊 *China & World Economy* 在 2024 年科睿唯安（Clarivate Analytics）公布的 SSCI 期刊中位于经济学 Q1 区，可见中国世界经济学会主办期刊在专业领域内具有较高的知名度和认可度。因此根据历年发布的《中国学术期刊影响因子年报（人文社会科学版）》与科睿唯安（Clarivate Analytics）公布的历年数据，整理得出了 2010—2023 年度中国世界经济学会主办三大期刊综合影响因子的发展历程（见图 1-15）。从图中可清晰地看出，各期刊的综合影响因子在保持较高基准水平的同时，仍呈现出明显的上升趋势，充分反映了这些期刊在学术界持续的影响力和不断提升的学术质量。同时《世界经济》期刊凭借严格的稿件筛选机制和敏锐的学术洞察力，使得期刊能够紧跟学科前沿，引领学术潮流，综合影响因子水平明显高于同类其他刊物，其内容的深度和创新性得到了学术界的高度认可，在推动学术交流、促进学科发展方面做出了积极贡献。

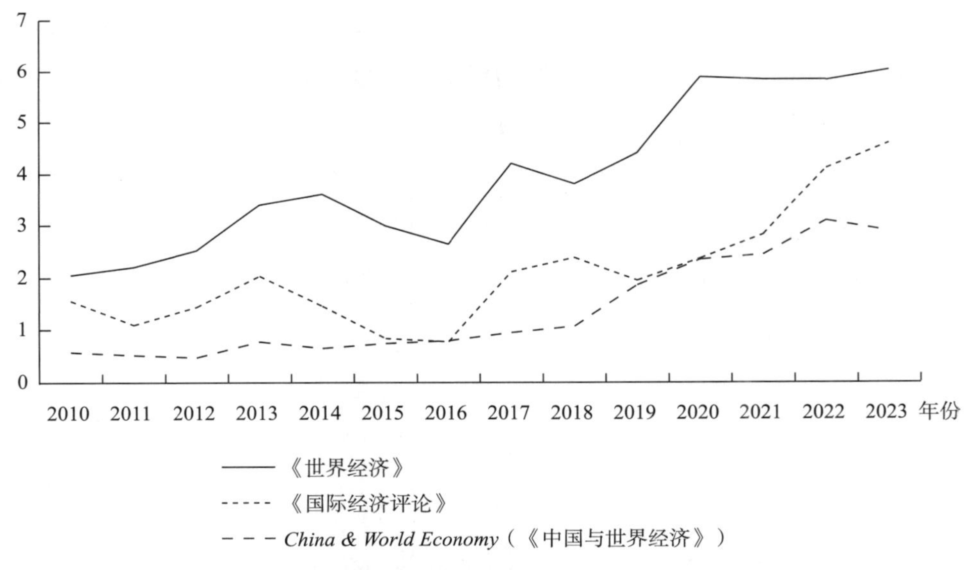

图 1-15　中国世界经济学会主办三大期刊综合影响因子情况

（三）学术会议动向

学术会议是专家学者了解学科前沿动态、探讨学科理论发展和现实问题的重要渠道。学术会议的发展动向从侧面展示了学科当前的发展状况。下面是基于各学会官网及社交媒体收集整理得到的学术会议及主题论坛的情况。通过分析历年学术会议的数量、规模及主题关键词分布等关键指标，报告学术会议历年发展进程与近年来学科关注的重点。

1. 学术会议发展进程

近年来，随着世界经济学科研究的不断深入和学术交流需求的日益增长，学术会议呈现出蓬勃发展的态势。这些会议为专家学者提供了广阔的交流平台，更促进了世界经济学科自主知识体系的进一步搭建。下面是近十年年度学术会议的举办情况（见图 1-16），从图中可以看出学术会议整体呈上升趋势，但具体而言可以划分为三个阶段。2014—2018 年属于快速增长期。虽然基数较小，但总体增幅明显，五年间学术会议的举办数量翻倍。这一增长可能一方面来源于世界经济仍处于危机后经济复苏的全球经济复杂格局；另一方面来源于中国对世界经济增长的年均贡献率处于世界前列水平，有信心、有能力探讨世界经济相关理论发展与现实问题。2019—2022 年可以看作平稳增长期。受新冠疫情影响，世界经济格局更趋动荡，出于现实的因素，部分年会无法顺利开展，但也正是受此外部因素的影响，多个年会开展了“线上+线下”相结合的模式，会议规模从线下 500 人左右扩展到了线上超万人次参与，有效提高了学术前沿研究的传播范围与效率，极大地促进了学术交流的广泛化和普及化。而进入 2023 年后，则可看作爆发增长期。这是由于摆脱了新冠疫情的现实客观条件阻碍，更是受全球新冠疫情的深远影响，逆全球化、单边主义、保护主义抬头，世界经济复苏疲软，全球性问题与风险显著加剧，亟须相关专家学者攻坚克难，为中国经济与世界经济走出阴霾做出贡献。

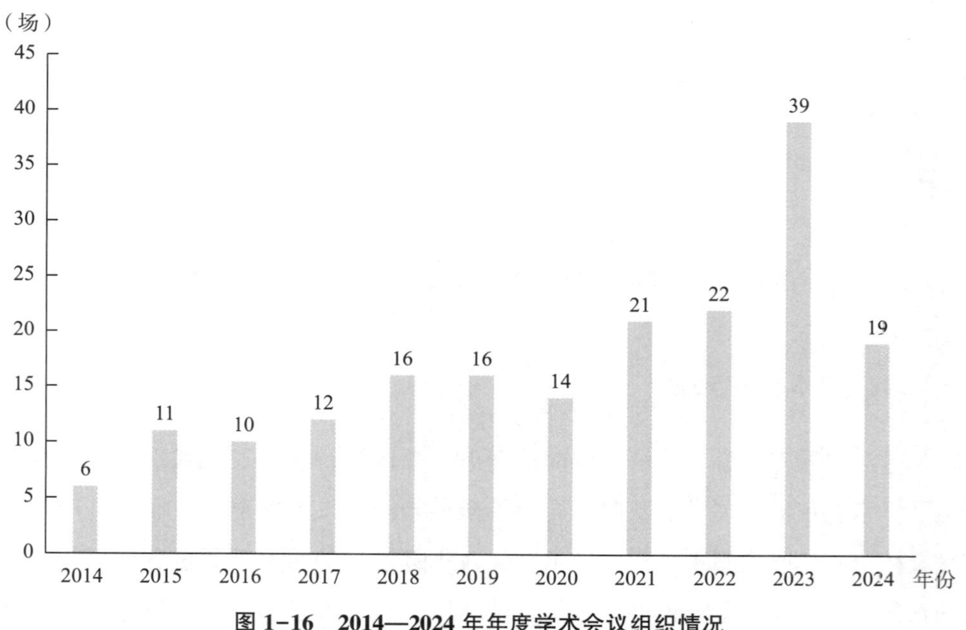

图 1-16　2014—2024 年年度学术会议组织情况

注：2024 年数据是由 9 月前已组织开展的 15 场与已发会议预告的 4 场构成的。

2. 学术会议主题侧重

为进一步分析近年来学术会议的关注方向，根据收集整理到的会议主题信息，利用 Python 软件根据词频绘制了会议主题词云图（见图 1-17）。根据词云图的分布占比来看，学术会议讨论的主题高度关注发展议题，这反映了近年来中国经济从高速增长阶段转向高质量发展阶段的战略要求。与此同时，随着中国经济的快速增长和全球化进程的深入，中国经济在全球经济中的地位日益重要。学术会议关注中国经济如何在全球经济中扮演更加积极和负责任的角色，包括参与全球经济治理、推动国际经贸规则重塑和促进投资自由化便利化等方面。由于新冠疫情和全球格局的动荡给世界经济带来了前所未有的挑战，学术会议重点关注这些挑战对于世界经济的影响，以及各国应如何共同应对这些挑战，包括加强国际合作、促进经济复苏等方面。综上所述，近年来学术会议的关注方向广泛而深入，既关注中国经济的高质量发展和在全球经济中的角色，也积极应对新冠疫情和世界格局动荡带来的挑战，同时推动数字化、创新、对外开放和全球治理等议题的发展。

图 1-17　2014—2024 年年度学术会议主题词云图

二、世界经济学科的资助格局

基金资助论文可以反映世界经济学科专业领域内理论与实践研究的热点问题和最新的研究成果，具有较高的学术价值。国家自然科学基金（以下简称 NSFC）、国家社会科学基金（以下简称 NSSFC）、教育部人文社会科学研究项目（以下简称

MOE）是我国世界经济领域研究主要的资助基金，对了解世界经济学科的资助格局具有较高的参考价值。因此，下面是在第一部分数据的基础上，选取三大基金资助的有效样本报告文献，从总体资助情况、研究领域、作者构成、机构构成四个维度进行文献计量分析。

（一）总体资助情况

在中文文献方面，选用数据时间为 1998 年至 2023 年年底。共有 19338 篇世界经济领域的文献被 NSFC、NSSFC、MOE 资助，占所有中文文献比例的约 40%。其中 NSFC 资助 7127 篇，占资助论文的 36.9%，NSSFC 资助 11359 篇，占资助论文的 58.7%，MOE 资助 6514 篇，占资助论文的 33.7%，其中共有 5662 篇文献受到两个及两个以上资金资助。

从资助数量来看（见图 1-18），中文期刊文献资助数量总体呈逐年上升趋势。在 2004 年以前，数量较少，年均不足 100 篇。2004 年到 2012 年经历了一个高增长时期，到了 2013 年前后，发文量已经突破年均 1000 篇，并在之后保持较为稳定的增长，这表明在世界经济领域的研究得到了持续支持和关注，为学术研究的深入开展和成果的不断涌现奠定了坚实的基础。

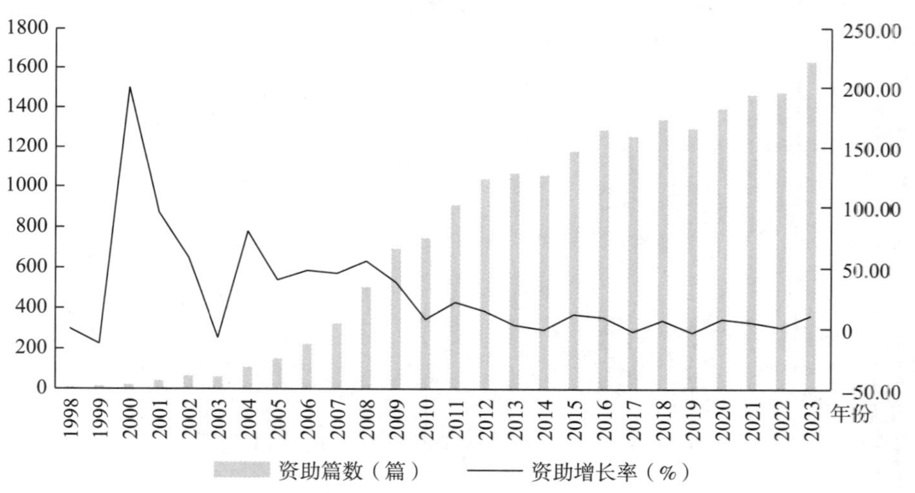

图 1-18 三大基金中文期刊文献资助发表趋势

从三大基金资助的中文期刊文献年度变化来看（见图 1-19），三大基金资助的文献在不同年份呈现出动态变化的趋势。从早期来看，资助数量相对较低，但随着时间的推移，整体呈现上升态势。这表明世界经济领域的研究越来越受到重视，三大基金对该领域的投入逐渐增加。NSSFC 在资助格局中发挥了重要作用。虽然在早期时增长相对较为平缓，但在 2018 年后出现了较快增长，资助数量超过 700 篇每年。这反映出 NSSFC 对世界经济领域的关注度不断提高，加大了对该领域的资助力度。NSSFC 的资助重点可能是世界经济领域的社会科学问题研究，如国际经济关系、经济政策、经济发展模式等，为从社会科学角度深入探讨世界经济问题提供了支持。值得注意的是 MOE 的资助文献数量在 2012 年达到顶峰后一直持续降低。

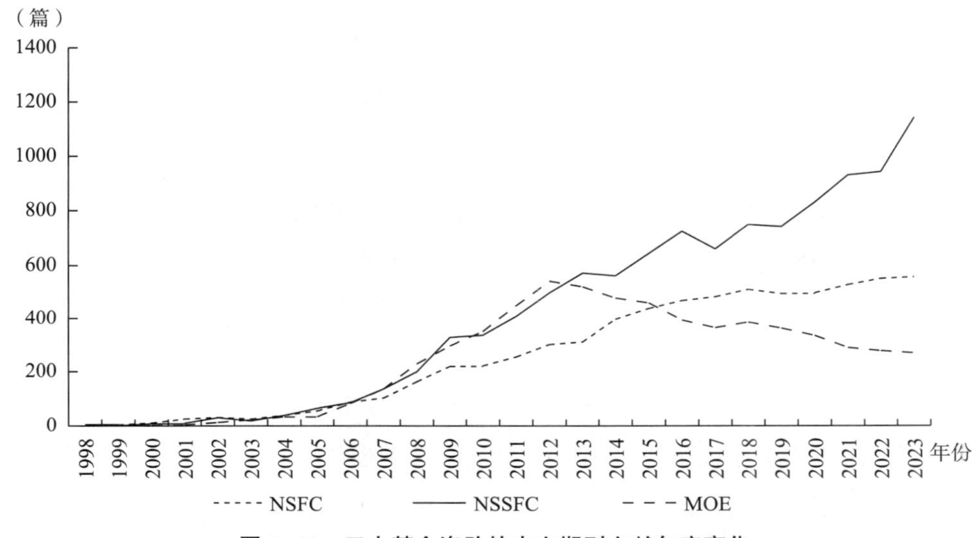

图 1-19　三大基金资助的中文期刊文献年度变化

从三大基金资助的中文期刊分布来看（见表 1-6），共有 111 本中文期刊文献受到过三大基金资助，其中《国际贸易问题》收录的论文受到的资助数量最多，有 986 篇，同期占比超过 5%。《世界经济研究》《经济问题探索》《国际金融研究》《亚太经济》《国际经贸探索》收录的论文受到的资助数量都超过了 500 篇。这表明这些期刊在世界经济领域的学术影响力较大，能够吸引并获得三大基金资助学者的关注，为该领域的学者们提供了重要的学术发表平台，也反映出三大基金对世界经济领域不同研究方向和主题的广泛支持。这些期刊在推动世界经济领域的学术研究、促进学术交流和知识传播等方面发挥着重要作用。

表 1-6　三大基金资助的中文文献主要期刊来源（TOP 10）

期刊	篇数（篇）	同期占比
《国际贸易问题》	986	5.10%

续表

期刊	篇数（篇）	同期占比
《世界经济研究》	746	3.86%
《经济问题探索》	655	3.39%
《国际金融研究》	612	3.16%
《亚太经济》	562	2.91%
《国际经贸探索》	521	2.69%
《金融研究》	453	2.34%
《经济学家》	446	2.31%
《世界经济》	443	2.29%
《经济研究》	441	2.28%

在外文文献方面，由于 Web of Science 是从 2008 年 8 月起系统地收录论文的资助信息，所以 2008 年的数据不完整。下面的数据是从 2009 年起，至 2023 年止。2009 年至 2023 年的 15 年间，共有 1649 篇世界经济学科的外文期刊文献被 NSFC、NSSFC、MOE 资助，占所有世界经济学科外文文献的 4.64%，占国产论文[①]的 53.94%，这反映出国家对世界经济学科的高度重视，国家自然科学基金委员会、教育部等通过批准多项有关世界经济的基金项目，加强该领域基础性和应用性研究，推动重大理论成果和实践探索取得突破。其中 NSFC 资助 1339 篇，是中国世界经济领域论文的主要资助机构，受其资助的论文在中国全部三大基金资助论文中的占比约为 81.2%，NSSFC 资助 297 篇，占资助论文的 18.01%，MOE 资助 232 篇，占资助论文的 14.1%。其中共有 219 篇文献受到两个及两个以上资金资助。

从资助数量来看（见图 1-20），外文期刊文献资助数量整体呈逐年上升趋势，其中 2015 年，资助数量明显增加，上升到 83 篇，增长率达到 361%，其后保持较为稳定的增长态势，这有可能与 2015 年前后，中国政府加大了对科研领域的资金投入有关。例如，2015 年国家自然科学基金资助直接费用约 218 亿元[②]。基金资助力度的增强，使得更多的科研项目获得了资金支持，这为科研人员在国际期刊上发表成果提供了有力的经济保障。

分年度看（见图 1-21），能够明显地发现，由三大基金资助的外文期刊文献在全部文献中所占的比例呈现持续上升的发展趋势。在过去的一段时间里，这一比例

① 指有中国作者参与发表的论文。

② https://www.nsfc.gov.cn/publish/portal0/tab440/info55839.htm?webview_progress_bar=1&show_loading=0.

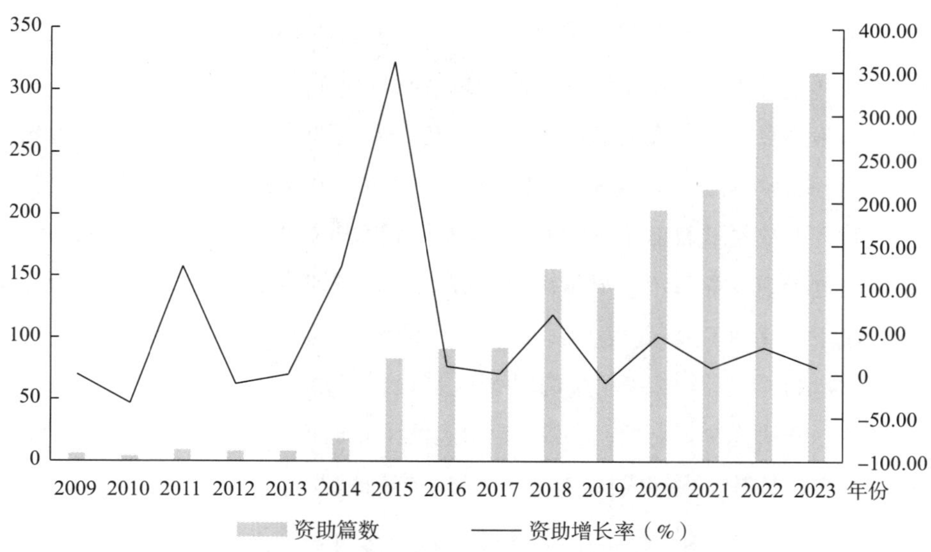

图 1–20　三大基金外文期刊文献资助发表趋势

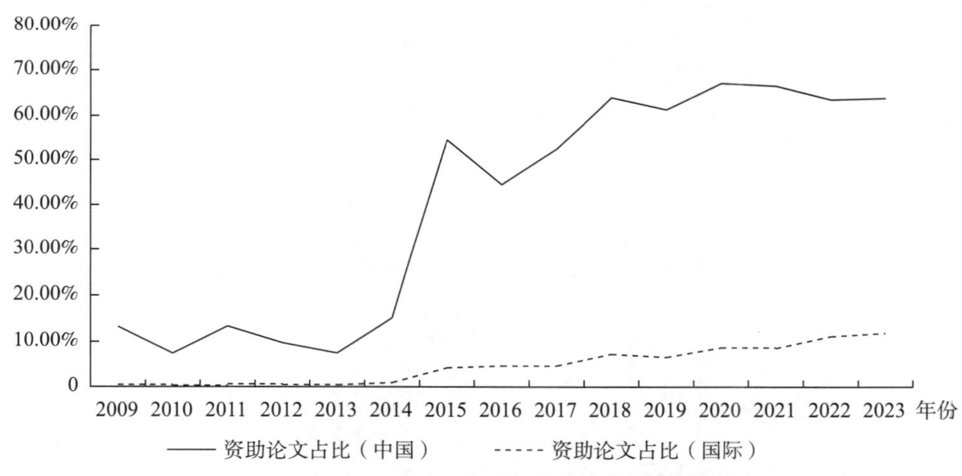

图 1–21　三大基金外文期刊文献资助占比趋势

虽然有所波动，但总体上保持着向上攀升的态势。并且在近两年，这一比例更是达到了 11%以上，这充分显示出三大基金对外文期刊文献资助力度的不断加大，以及该领域对外文期刊文献的重视程度日益提高。与此同时，三大基金资助的外文期刊文献占国产论文的比例在 2015 年出现了令人瞩目的激增现象，一下跃升到了 50%以上。这一变化表明在 2015 年，中国作者在三大基金的支持下，更加积极地向外文期刊投稿，以扩大中国学术研究在国际上的影响力。而在近几年，这一比例一直稳定在 60%以上，这意味着中国作者在国际学术舞台上的活跃度和贡献度持续保持在较高水平。不仅体现了中国学术研究与国际接轨的程度不断加深，也反映出中国学者在国际学术交流中的积极参与和重要地位。三大基金对中国作者在外文期刊发表论文的持续资助，也为中国学术研究的国际化进程提供了有力的支持和保障。

从三大基金资助的外文期刊文献年度变化来看（见图 1-22），三大基金资助数量在 2015 年显著增加后，一直保持稳定增长，NSFC 在资助中表现出较为突出的增长态势。其资助数量从较低水平开始，一直保持较快的增长速度。尤其是在近几年，资助数量超过了 200 篇每年，显示出对世界经济领域研究的大力支持。这可能得益于 NSFC 对跨学科研究的重视，以及世界经济领域与自然科学方法的结合需求。NSFC 的持续增长为世界经济领域的科研人员提供了更多的资源和机会，有助于推动该领域的创新研究和国际合作。NSSFC 在 2021 年后出现了较快增长，资助数量逼近 100 篇每年。MOE 的资助数量接近 50 篇每年。这些都充分体现了三大基金对世界经济领域外文期刊文献资助的高度重视和大力支持，为推动学术研究的国际化进程发挥了重要作用。

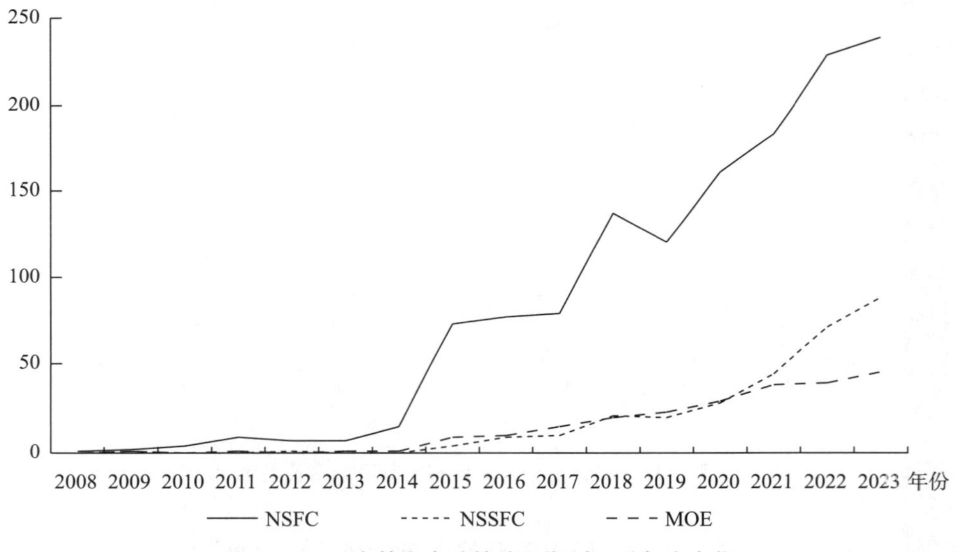

图 1-22　三大基金资助的外文期刊文献年度变化

从三大基金资助的外文期刊分布来看（见表 1-7），共有 95 本外文期刊文献受到过三大基金资助，其中 *ENERGY ECONOMICS* 期刊收录的论文受到的资助数量最多，有 427 篇，同期占比超过 25%，这一比例充分显示了获得资助的学者在该期刊投稿的偏好。*APPLIED ECONOMICS*、*TRANSPORTATION RESEARCH PART B-METHODOLOGICAL* 期刊收录的论文受到的资助数量都超过了 100 篇。

表 1-7　三大基金资助的英文文献主要期刊来源（TOP 10）

期刊	篇数（篇）	同期占比
ENERGY ECONOMICS	427	25.89%
APPLIED ECONOMICS	164	9.95%
TRANSPORTATION RESEARCH PART B-METHODOLOGICAL	124	7.52%
TRANSPORTATION RESEARCH PART A-POLICY AND PRACTICE	78	4.73%
INSURANCE MATHEMATICS & ECONOMICS	61	3.70%
JOURNAL OF ECONOMETRICS	59	3.58%
ECONOMICS LETTERS	52	3.15%
JOURNAL OF FORECASTING	51	3.09%
ECOLOGICAL ECONOMICS	43	2.61%
JOURNAL OF BANKING & FINANCE	39	2.37%

（二）研究领域分析

下面采用 CiteSpace 软件作为研究工具，通过关键词共现分析，定量研究三大基金普遍关注的世界经济学科领域的议题。在软件参数设置方面，根据文献数据的具体情况，将关键词共现频次的阈值设为 2 次，时间切片设置为 1 年，筛选出满足此阈值的关键词，最后选取其中前 10 个关键词，对其出现频次和中心性进行统计分析，并将满足条件的所有关键词绘制成关键词共现图谱。

中文文献方面，主要关键词见表 1-8，词频排在前列的关键词有“货币政策”“对外直接投资”“数字经济”“全球价值链”“经济增长”等，这些关键词是世界经济领域三大基金长期关注的热点话题。其中，“货币政策”频次最高，这体现了货币政策工具在世界经济领域的核心地位。还有，“数字经济”值得关注，这个关键词在受资助的中文文献中首次出现，是今后世界经济领域研究持续关注的要点。对比第一部分全部中文文献的关键词共现分析，“货币政策”“数字经济”“金融危机”“制造业”均为高频关键词，是世界经济领域的热点研究议题。除此之外，“对外直接投资”“外商直接投资”“全球价值链”“融资约束”等是受资助文献独有的高频关键词，且首次出现时间均早于 2013 年，这反映了三大基金对这些方面的长期关注。

表 1-8　三大基金资助的中文文献高频关键词中心性与频次（TOP 10）

序号	频次	中心性	年份	关键词
1	1016	0. 22	2001	货币政策
2	605	0. 08	2002	对外直接投资
3	505	0. 01	2019	数字经济
4	458	0. 09	2006	全球价值链
5	453	0. 18	2004	经济增长
6	422	0. 19	2000	外商直接投资
7	310	0. 04	2004	金融危机
8	262	0. 01	2008	全要素生产率
9	250	0. 13	2000	制造业
10	232	0. 01	2012	融资约束

从关键词共现图谱（见图 1-23）可知，图谱展示了 653 个节点和 719 条边，密度为 0. 0034，表明关键词之间的联系相对稀疏。最大的连通分量（LCC）包含 622 个节点，占总节点数的 95%，涵盖了该网络的大部分信息。“货币政策”关键词的中心性不低于 0. 2，表明了这些关键词在该领域发展过程中较高的重要程度。从整体来看，图谱中众多关键词围绕着几个核心主题展开。“数字经济”在其中格外突出，表明在当今时代，数字经济的发展成为世界经济领域的重要关注点。随着科技的不断进步，数字化转型在各个国家和地区的经济发展中占据重要地位，它不仅影响产业升级和产业链的重塑，还对全球价值链产生了深远影响。“经济政策不确定性”“金融危机”“通货膨胀”等关键词则揭示了世界经济发展中的不稳定因素。经济政策的不确定性会影响汇率、出口及投资等方面。金融危机的影响更是广泛而深远，可能会导致过度投资、产能过剩等问题。通货膨胀也会对经济稳定产生冲击，需要通过合理的财政政策和货币政策来应对这些不稳定因素。“共建‘一带一路’倡议”在图谱中也具有重要的地位。它与“对外直接投资”“跨国公司”“产业升级”等关键词相互关联，体现了共建“一带一路”倡议在促进区域协调发展、推动产业转移和全球价值链整合方面的积极作用。中国作为共建“一带一路”倡议的发起者，在世界经济中的影响力不断提升，通过加强与沿线国家的经济合作，实现互利共赢。在国际比较层面，日本作为一个具体的国家被提及，其与其他关键词共同反映出不同国家在经济发展中的特点和经验教训。各国可以通过比较，借鉴其他国家在应对经济问题、推动经济发展方面的成功做法。

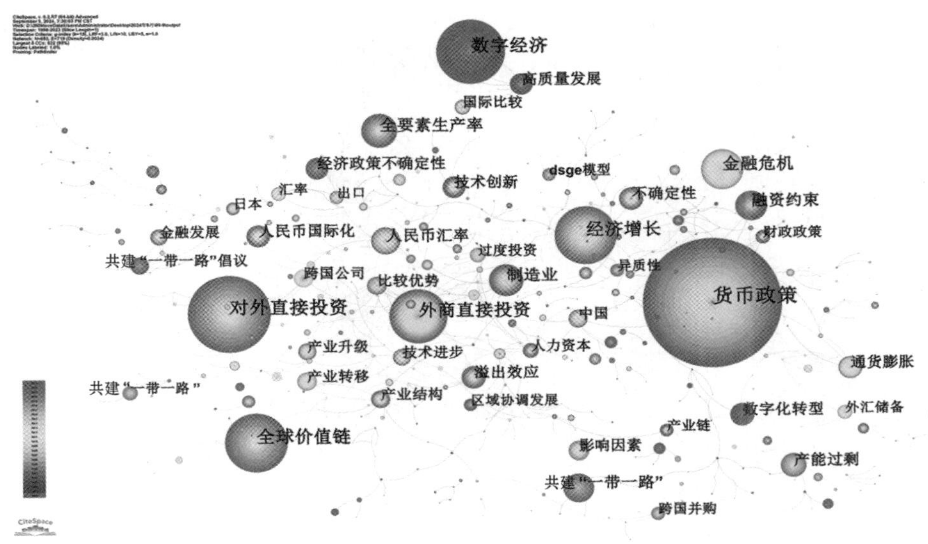

图 1-23 三大基金资助的中文文献关键词共现图谱

英文文献方面（见表 1-9），关键词“中国”（China）一词出现了 174 次，远远高于其他关键词。一方面，因为三大基金资助的基本都是中国学者，大部分文献都是基于中国经济情况撰写；另一方面，“中国”关键词的高频次和高中心性反映了中国在全球经济中的重要性，特别是在世界经济领域的显著地位。中国的经济政策、发展模式和市场规模对全球经济有着深远的影响，因此成为学者们研究的热点。对比第一部分全部英文文献的关键词共现分析，会发现“不确定性”（uncertainty）、“经济增长”（economicgrowth）、“货币政策”（monetary policy）都属于高频关键词，说明这些议题是国内外学者都很关注的议题，这些关键词也长期影响着世界经济领域的研究，是该领域研究的热点话题。而“波动性预测模型”“分位数回归模型”则是中国学者较为常用的分析模型。“绿色创新”（green innovation）关键词在 2021 年首次出现后也在快速增长，表明中国学者也在积极响应国家战略，关注创新在推动可持续发展和环境保护方面的作用。

表 1-9 三大基金资助的英文文献高频关键词中心性与频次（TOP 10）

序号	频次	中心性	年份	关键词
1	174	0.32	2012	China
2	19	0.06	2016	economic policy uncertainty
3	19	0.27	2015	economic growth
4	18	0.09	2019	volatility forecasting

续表

序号	频次	中心性	年份	关键词
5	18	0. 03	2016	quantile regression
6	18	0. 05	2015	crude oil
7	17	0. 07	2016	uncertainty
8	17	0. 29	2019	monetary policy
9	15	0	2018	innovation
10	14	0. 1	2021	green innovation

从关键词共现图谱（见图 1-24）可知，图谱展示了 347 个节点和 390 条边，密度为 0. 0065。最大的连通分量（LCC）包含 186 个节点，占总节点数的 53%，这表明大部分关键词都集中在这个核心区域。“中国”“外国直接投资”“货币政策”“经济增长”“碳排放”“腐败”“企业家”七个关键词中心性不低于 0. 2，在整个图谱中具有重要地位。首先，“中国”一词是受资助的英文文献中最为核心的关键词，与“经济周期”“油价冲击”“人工智能”“公司治理”“外国直接投资”等联系密切，表明中国学者基于中国经济情况讲述中国经济发展的历程。其次，“经济增长”“商业周期”“失业”“通货膨胀”等关键词涉及宏观经济的核心议题，它们之间互相交织，一直是世界经济领域持续关注的话题。“经济政策不确定性”“股票市场”“原油市场”“汇率”等关键词也体现了经济政策和市场动态是研究的热点。最后，随着数字技术的不断发展，技术与创新在世界经济领域扮演着至关重要的角色，成为推动世

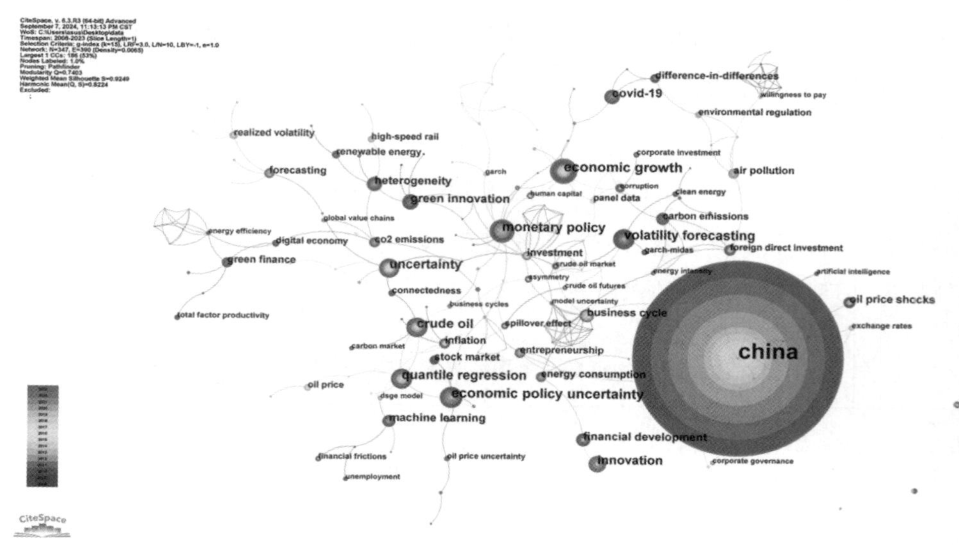

图 1-24　三大基金资助的英文文献关键词共现图谱

界经济增长的新动力。它们不仅推动了经济增长和效率提升，还对社会的可持续发展和环境保护产生了深远的影响。“人工智能”“机器学习”“数字经济”“创新”等关键词和世界经济领域其他方面相互联系，体现了跨学科融合、数据驱动决策、全球互联的重要趋势。

（三）作者构成分析

下面通过 CiteSpace 软件对作者间的合作网络进行共现分析，进一步挖掘受到三大基金资助的世界经济领域的核心作者。作者合作网络可以反映学者之间的合作关系，其中作者名字越大，说明该作者具有纽带的作用越强；连线越粗，表示合作越紧密。

中文文献作者合作网络图谱中（见图 1-25），从整体布局来看，图谱呈现一种复杂而有序的网络结构。众多学者的名字分布在图谱中，通过线条相互连接，形成了一个庞大的合作网络。这种网络结构反映了世界经济领域研究的多元性和复杂性。不同的学者从不同的角度、运用不同的方法对世界经济进行研究，他们之间的合作与交流共同推动了该领域的发展。

图 1-25　三大基金资助的中文文献作者合作网络图谱

英文文献作者合作网络图谱如图 1-26 所示。这些学者擅长发表英文文献，且受到三大基金资助，他们是提升中国学术界在世界经济领域话语权的重要力量。目前，这些学者显现出了年轻化的趋势，这些作者中多为“80 后”，也不乏“90 后”，体现了中国在世界经济领域的年轻化和活力。总的来说，三大基金资助的英文文献作者合作网络中，学者们的主要研究方向以能源经济为主，体现了能源经济在未来世界经济的发展中越来越重要，同时也是中国在世界经济领域的重要崛起方向。

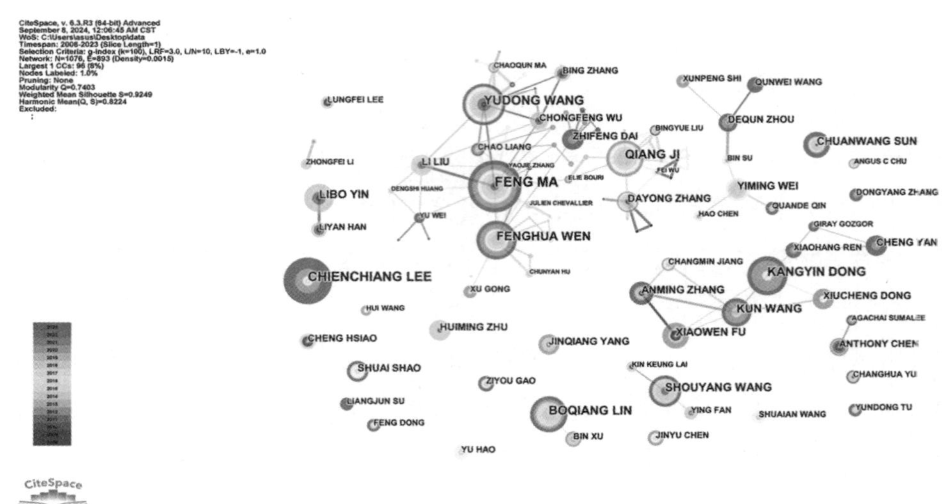

图 1-26　三大基金资助的英文文献作者合作网络图谱

（四）机构构成分析

下面通过 CiteSpace 软件对机构间的合作网络进行共现分析，进而了解受到三大基金资助的主要机构及其合作机构。

在受三大基金资助的中文文献方面（见图 1-27），从整体上看，机构合作网络密度较低，呈现局部聚集、整体分散合作的特点。发文机构几乎均为高校，主要集中于南开大学经济学院、武汉大学经济与管理学院、南京大学经济学院、西安交通大学经济与金融学院、南京大学商学院、中国人民大学经济学院、山东大学经济学院，这些机构的发文量均超过 200 篇，占受资助文献总发文量的 10%，是三大基金资助并开展世界经济领域研究的主要机构，主要集中在综合性高校。以这些高校为主体的研究机构已经形成了一定规模的合作网络，这种合作网络有助于资源共享、知识交流和创新思维的碰撞。不同机构拥有各自的优势资源，如优秀的师资队伍、丰富的研究数据、先进的研究方法等，通过合作可以充分发挥各自的优势，共同攻克世界经济领域的重大问题。

在受资助的英文文献机构合作方面（见图 1-28），厦门大学、北京大学、中国

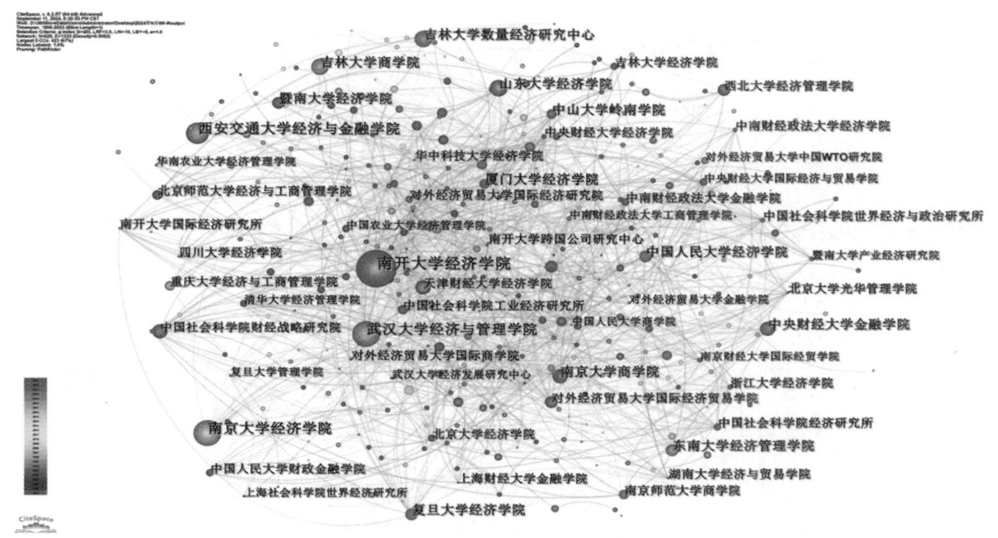

图 1-27　三大基金资助的中文文献机构合作网络图谱

人民大学、清华大学、中国科学院大学、西南财经大学、湖南大学、上海财经大学、对外经济贸易大学、中央财经大学、北京航空航天大学是英文文献的主要发文机构，占总发文量的 20%以上，充分彰显了其在受资助的英文文献机构合作方面的重要地位和卓越贡献。它们不仅为相关领域的学术研究提供了丰富的理论支持和实践经验，还在国际学术舞台上展现了中国高校的强大实力和影响力，为推动全球学术交流与合作发挥了积极的作用。

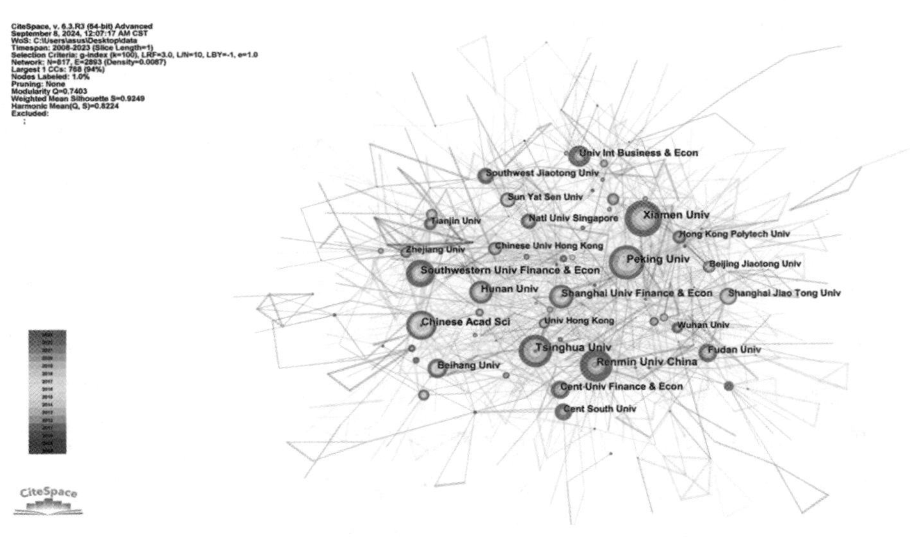

图 1-28　三大基金资助的英文文献机构合作网络图谱

三、世界经济学科的研究机构

智库是学术界和政策界之间的重要桥梁。在日益复杂的全球化环境中，智库通过独立研究和分析，将复杂的学术理论和概念转化为易于理解和应用的政策建议，为全球和地方层面的政策制定提供了战略性思维和洞见。通过独立、前瞻性的研究确保决策的科学性和有效性，为国家和社会发展做出不可替代的贡献。报告依据浙江大学信息资源分析与应用研究中心智库系统发布的智库榜单，对国内外知名智库进行梳理和分析，并以世界经济领域的发文量、报告数量等研究成果数量来展现这些智库在世界经济领域的活跃度（见表 1-10）。

国内智库更贴近中国的经济发展需求，尤其是在中国经济面临转型和全球竞争加剧的背景下，智库的作用日益显现，为国家发展提供了智力支撑和战略指导。国务院发展研究中心作为国家级智库和最具权威的政策研究机构之一，不仅通过学术文章传播其研究成果，还在政策报告和咨询领域提供了大力支持。作为中国国务院直属的政策研究和咨询机构，国务院发展研究中心的研究团队由国内外顶尖的经济学家和政策专家组成，通过深入的实地调研和数据分析，确保政策建议的科学性和可行性。近年来，国务院发展研究中心在中国经济转型升级、科技创新驱动发展、绿色发展、乡村振兴等领域的研究成果广泛影响了国家的发展战略。同时该机构通过与各级政府部门、地方政府、国际组织和企业的广泛合作，确保研究成果能够快速转化为政策实施方案，这种紧密的政策咨询和决策支持，使得国务院发展研究中心在中国的政策制定体系中占据了核心位置。

相比之下，中国国际经济交流中心、中国与全球化智库、中国金融四十人论坛、国家金融与发展实验室、复旦发展研究院、中国人民大学重阳金融研究院、综合开发研究院（中国·深圳）等智库虽然没有发表太多文章和研究报告，但也通过多种形式为政策制定提供了重要支持。其中，中国国际经济交流中心是中国面向世界的重要经济智库。该智库在政策咨询、国际经济合作、学术研究和企业服务等方面都有重要影响力。与其他机构相比，中国国际经济交流中心发文量相对较少，但在报告发布方面表现较为活跃，过去几年共发布了 164 份研究报告。中国与全球化智库是专注于全球化、国际关系、人才流动和全球治理等领域研究的国际化智库。该智库通过国际会议、论坛和政策研讨，广泛参与全球智库网络，与国际组织、国外智库保持紧密联系，为中国融入全球化、参与国际事务提供了重要支持。中国金融四十人论坛是专注于金融改革和政策研究的高端智库，其成员包括政府官员、学术界和金融业领袖，致力于推动金融体制改革与政策创新，其研究成果主要以会议、文章等形式展现。国家金融与发展实验室隶属于中国社会科学院，主要研究金融体系风险、金融改革与创新发展等。该智库在金融稳定、地方金融和资本市场发展领域具有较强的研究实力。复旦发展研究院是集学术研究、政策咨询与国际交流于一体的重要智库平台，专注于中国经济社会发展与全球治理问题。中国人民大学重阳金融研究院以学术研究和政策咨询为主，重点关注金融发展与全球治理、绿色金融和共建"一带一路"倡议，致力于推动中国在国际金融体系中的话语权建设。综合开发研究院（中国·深圳）是致力于区域经济发展和政策研究的市场化智库。该智库主要服务于粤港澳大湾区的发展规划，研究内容涵盖城市治理、产业政策和创新驱动等。

此外，中国宏观经济研究院、中国社会科学院，以及中国社会科学院世界经济与政治研究所等智库在宏观经济、财政政策、区域发展、全球治理等领域都有深入的研究。这些智库不仅重视学术成果的产出，而且通过独立的研究为国家政策提供了实质性的支持，确保决策的科学性与前瞻性。中国宏观经济研究院是国家发改委直属的研究机构，该机构专注于宏观经济政策、区域经济发展、产业规划等领域的研究，其研究团队在中国经济政策的设计和执行过程中发挥了核心作用。中国社会科学院作为中国最具影响力的综合性研究机构之一，在哲学、社会科学、经济学等多个领域具有重要地位。该机构在政策研究中强调理论与实践相结合，特别是在社会政策和公共政策领域，提出了大量具有前瞻性和实用性的政策建议。中国社会科学院世界经济与政治研究所是中国知名的世界经济领域研究机构之一。该机构聚焦于世界经济与政治领域的前沿问题，研究范围覆盖世界主要经济体的宏观经济政策、国际组织的运作、全球投资趋势，以及地缘政治风险等问题。近年来，该机构研究内容紧扣全球供应链重组、数字经济规则制定、碳中和与绿色金融等国际经济治理的前沿问题，为中国参与全球经济治理提供了智力支持。

表 1-10 国内世界经济领域知名智库研究成果

单位：篇

序号	研究机构	世界经济领域发文量	研究报告（2014—2023 年）	所有成果（近十年）（出版物、会议、博客、文章、报告、书籍、研究等）
1	国务院发展研究中心	358	1187	7408

续表

序号	研究机构	世界经济领域发文量	研究报告（2014—2023年）	所有成果（近十年）（出版物、会议、博客、文章、报告、书籍、研究等）
2	北京大学国家发展研究院	187	7	223
3	中国社会科学院	3448	1	1509
4	中国国际经济交流中心	65	164	1796
5	中国与全球化智库	0	0	8055
6	商务部国际贸易经济合作研究院	304	0	201
7	中国宏观经济研究院	148	203	2127
8	上海社会科学院	720	0	1522
9	中国金融四十人论坛	22	0	386
10	国家金融与发展实验室	43	54	1033
11	中国社会科学院世界经济与政治研究所	670	0	602
12	中国财政科学研究院	154	423	807
13	复旦发展研究院	2	0	193
14	中国人民大学重阳金融研究院	9	43	12376
15	综合开发研究院（中国·深圳）	12	0	494

数据来源：全球智库发现系统（https://tds.sunwayinfo.com.cn/achievements）。

国外智库相对而言更为活跃（见表1-11）。在学术研究方面，NBER作为全球最具影响力的经济研究智库之一，表现尤为突出。该机构在世界经济领域发文量达到5923篇，这表明NBER在经济研究领域具有极高的影响力，并持续为全球经济提供深度分析和洞见。NBER的研究涵盖了广泛的经济学主题，如宏观经济、劳动力市场、国际贸易、经济增长、货币政策、公共财政等。其发表的研究不仅推动了学术领域的发展，也经常被引用在美国国会和联邦储备系统的政策报告中，为政策制定提供了强有力的理论依据。NBER的工作论文（Working Paper）为学术界和政策制定者提供了广泛且前沿的研究成果，这些论文通常在正式发表之前就已经得到了广泛关注。布鲁金斯学会是美国最古老的智库之一，凭其在全球政治、经济、社会和公共政策方面的研究而著名。布鲁金斯学会的学术研究覆盖了广泛的主题，包括国际关系、全球经济治理、技术创新、城市发展和社会公正等，其研究成果在美国国内外都具有广泛的影响力，许多重要的政策建议都源于布鲁金斯学会的分析。同时，布鲁金斯学会与美国政府、国际货币基金组织、世界银行等国际组织保持着紧密合作关系，其研究人员经常在国际会议和论坛上发表政策演讲，并与各国决策者探讨全球问题。通过多层次的互动，布鲁金斯学会始终在全球经济政策制定中占据重要地位。慕尼黑大学莱布尼茨伊福经济研究所是欧洲领先的经济研究智库之一。该机构专注于经济学中的宏观经济、公共政策、财政研究、欧洲一体化等重要议题。IFO 商业景气指数等指标不仅在德国国内产生了广泛的影响力，也为整个欧洲乃至其他国际机构提供了经济形势的洞见。该研究所还与欧洲多个国家和国际组织合作，共同研究全球经济治理和欧洲一体化问题，从而影响了欧洲的经济一体化进程。

在政策制定方面，这些研究机构以会议、文章、报告等多种形式在政策制定和报告撰写方面做出了重要贡献。其中，世界经济论坛通过其年会和报告等形式，推动全球性议题的讨论，为全球领导人讨论和制定全球治理政策提供平台和参考。此外，该机构还通过组建“行动联盟”（Action Coalition）和“全球未来理事会”（Global Future Councils）在气候变化、全球健康、贸易政策等重要领域发挥了作用。华盛顿战略与国际问题研究中心通过研究为美国的外交政策、安全政策和全球问题提供创新性的解决方案，成为美国最具影响力的智库之一。该机构在美国的外交政策和国防政策制定过程中起到了至关重要的作用，其发布的研究报告和政策建议被广泛引用，国防预算、军事战略、反恐政策等方面的研究成果直接影响了美国的政策。

表 1–11　国外世界经济领域知名智库研究成果

单位：篇

序号	研究机构	世界经济领域发文量	研究报告（2014—2023 年）	所有成果（近十年）（出版物、会议、博客、文章、报告、书籍、研究等）
1	美国全国经济研究所（NBER）	5923	0	805
2	布鲁金斯学会	699	977	6255
3	华盛顿战略与国际问题研究中心	11	53	2681
4	世界经济论坛	54	200	13878
5	美国进步中心	26	0	1062
6	慕尼黑大学莱布尼茨伊福经济研究所	696	0	2706
7	美国企业公共政策研究所	102	0	4669
8	卡托研究所	38	0	2052

续表

序号	研究机构	世界经济领域发文量	研究报告（2014—2023 年）	所有成果（近十年）（出版物、会议、博客、文章、报告、书籍、研究等）
9	发展研究所	25	83	970
10	彼得森国际经济研究所	334	0	144
11	洛伊国际政策研究所	49	21	2361
12	欧洲改革中心	2	0	1210
13	新美国安全中心	5	12	165
14	挪威国际事务研究所	279	0	422
15	法国国际关系研究所	92	0	137

数据来源：全球智库发现系统（https://tds.sunwayinfo.com.cn/achievements）。

专题篇

第二章　世界经济形势研究

一、世界经济形势概览

世界经济增长的动力格局正在发生变化。过去几十年中，发达经济体，尤其是美国和欧洲，一直是全球经济增长的主要引擎。然而，随着新兴市场经济国家的崛起，这一格局正在发生转变。中国作为全球第二大经济体，其经济增长速度和规模使其成为全球经济增长的主要推动力。中国的消费市场、技术创新和基础设施投资，正不断地为全球经济注入新的活力。与此同时，印度等新兴市场国家也在积极推动经济改革，吸引外国投资，逐步增强其在全球经济中的地位。

未来两年内，全球经济增长预计将小幅加速。根据各大经济机构的预测（见表2-1），2024年全球经济增长率预计在2.6%~3.2%，而2025年会略有上升，预期在2.7%~3.3%。这一小幅回暖反映了全球经济逐步恢复的趋势，但各国及经济体的表现存在明显差异，表现了全球经济格局的复杂性和多样性。

在发达经济体中，经济增长的预期普遍较低。尤其是欧元区的经济增长显得比较疲弱，面临的经济挑战尤为严峻。受到俄乌冲突及其引发的能源危机的影响，欧元区的经济增长受到了较大的制约。高通胀压力和能源价格波动使得消费者支出和企业投资受到抑制，经济复苏进程相对缓慢。欧洲央行的货币政策紧缩也对经济增长造成了负面影响。2024年，欧元区的经济增长预计将低于全球平均水平，显示出其经济复苏的不均衡性。

美国经济虽然相对稳健，增长率预计为2.1%~2.6%，但也面临着一定的挑战。尽管美国经济增长受到强劲就业市场和消费支出的支持，但高利率环境和全球经济不确定性也对其经济表现造成了压力。美联储的货币政策调整和财政政策的不确定性使得美国未来的经济增长具有较大的不确定性。美国的经济增长预计在未来两年内保持稳定，但仍低于过去几年的水平。

表 2-1　世界经济增长预测

预测机构	全球经济增长		2024 年主要经济体增长比例				
	2024 年	2025 年	美国	欧元区	中国	发达经济体	发展中经济体
联合国①	2.7%	2.8%	2.3%	1.0%	4.8%	1.6%	4.1%
IMF②	3.2%	3.3%	2.6%	0.9%	5.0%	1.7%	4.2%
世界银行③	2.6%	2.7%	2.5%	0.7%	4.8%	1.5%	4.0%
高盛④	2.6%	2.7%	2.1%	0.9%	4.8%	—	—
OECD⑤	3.1%	3.2%	2.1%	0.6%	4.7%	—	—
WTO⑥	2.6%	3.3%	—	—	—	—	—

注：①联合国经济和社会事务部：《2024 年世界经济形势与展望》。
②IMF：《世界经济展望——平稳但缓慢：分化中的韧性》。
③世界银行：《全球经济展望》。
④Glodman：Macro Outlook 2024：The Hard Part Is Over。
⑤OECD：2024 Economic Outlook。
⑥WTO：《全球贸易展望和统计》，WTO 增长预测为全球商品贸易增长量。

与发达经济体的低迷增长形成鲜明对比的是，发展中经济体展现出强劲的增长潜力。中国作为新兴经济体的代表，经济增长保持较高水平。在经历了新冠疫情冲击后，中国经济增长已经显示出强劲的复苏迹象。根据预测，中国的经济增长率预计将保持在 4.7%~5.0%，成为全球经济增长的重要引擎。其他新兴市场经济体，如印度、巴西和东南亚国家，也表现出较强的增长势头。

总体来看，新兴经济体有望成为推动全球经济增长的主要动力，有助于平衡全球经济的增长格局。这些国家的经济增长不仅对全球市场产生重要影响，还将推动全球投资和贸易的发展。随着全球经济逐步恢复，新兴经济体的消费市场和投资机会将吸引更多的国际资本，推动全球经济进一步复苏。当然，全球经济增长面临的挑战依然不容忽视。地缘政治紧张局势、全球供应链的重组及气候变化等因素，都可能对经济增长造成一定的压力。各国政府需要采取有效的政策措施，促进经济结构调整，提升经济韧性，以应对未来的不确定性。

二、世界经济形势的确定性

2024 年，全球经济正在从危机应对模式过渡到长远发展与稳定增长的新阶段。随着新冠疫情带来的“疤痕效应”减弱，美欧日等发达经济体呈现出较好的韧劲复苏态势，连同部分新兴经济体也保持稳步复苏走势。联合国在《2024 年世界经济形势和前景（中期）》报告中预计世界经济在 2024 年将增长 2.7%，较 1 月份的预测上调了 0.3 个百分点。上调的原因主要是美国及世界几个大型新兴经济体前景略有上升，这也反映出世界经济形势较 2023 年已经有所好转。虽然世界经济增长速度仍低于新冠疫情前，但是主要经济体持续高通胀的局面已出现缓解趋势，避免了严重衰退。

（一）世界经济整体逐渐复苏

自 2020 年以来，新冠疫情对全球经济造成强烈冲击，全球通货膨胀陡然升温，并从个别经济体快速蔓延到全球，主要国家宏观经济政策突破了以往的思维限制（汤铎铎，2022）。世界银行数据表明，2022 年 7 月，全球通胀率中位数达到 9.4%，为 2008 年以来的最高水平。

随着各国逐步从新冠疫情中走出，全球经济正呈现出稳步复苏的态势，世界主要经济体通胀情况有所缓解。2023 年，美国 CPI（消费者物价指数）同比增速从 1 月的 6.4%下降到 12 月的 3.4%，欧元区从 8.7%下降到 2.9%，日本从 4.3%下降到 2.6%。全球平均通胀率为 6.9%，较 2022 年下降 1.8 个百分点。根据 IMF 估计，该数据预计将稳步下降至 2024 年的 5.9%和 2025 年的 4.5%，其中发达经济体将比新兴市场和发展中经济体更快将通胀降至目标水平（IMF，2024）。2024 年，在高利率政策的持续作用下，全球通胀压力预计将进一步减轻（肖立晟等，2024；张一婷，2024）。联合国贸易和发展会议 2024 年 7 月最新报告显示，2024 年一季度全球货物与服务贸易额恢复增长态势，环比分别增长 1%和 1.5%。相较于 2023 年下半年，2024 年上半年货物、服务贸易额有望分别增加 2500 亿美元和 1000 亿美元。

当然，未来通胀下行进程可能并非一帆风顺。受俄乌冲突和巴以冲突的影响，全球大宗商品价格回升，特别是东中欧、西亚、北非等地区少数国家出现严重的能源粮食供应危机，加之如委内瑞拉、阿根廷及土耳其等国货币发行失控，通胀问题依旧十分严峻。在多重因素的影响下，全球通胀存在超预期黏性的风险，通胀回归进程仍然较为波折（石庆焱等，2023；王宏淼，2024）。但不可否认的是，全球通胀自 2022 年达到顶峰以来已经回落，实现了超预期降温，许多发达经济体和新兴市场以及发展中经济体的通胀率开始向央行目标水平靠拢。

宏观经济政策是影响各国中短期经济增长的重要因素，也是决定世界经济走向的主要人为因素。伴随着通胀降温，各国宏观调控政策逐渐回归正常，货币政策或将边际转向，财政纪律重新提上议程。在过去的三年间，为了应对新冠疫情的冲击，美国先是实施了激进的货币和财政政策，这成为了此轮通胀的重要推手（王晋斌，2022）。随之而来的全球通胀走势迫使欧美国家在重启量化宽松的货币政策后不得不采取加息政策。多数国家，特别是新兴经济体国家，面临着国际资本流动“突然停止”的潜在风险，无法保持货币政策的自主性（陈奉先和封文华，2024）。现阶段，在对全球通胀有下降预期的情况下，以美国为首的发达经济体预计将放松货币政策，降低利率。全球货币政策环境有望由紧转松，各国终于有条件实现货币政策的自主改变（郗静、卞志村，2024；余顺坤等，2024）。

实现宏观调控预期通常需要财政政策和货币政策的有效协同。为对抗新冠疫情危机和帮助经济复苏，全球财政支出在新冠疫情期间重新走上了扩张的道路。平衡预算理念被打破，财政赤字货币化广泛实践，各国财政赤字率较新冠疫情前普遍增高（奥古斯丁、王宇，2023a；2023b）。然而，刺激性的财政政策属于非常时期的非常之策，财政赤字货币化很容易导致一国陷入收支失衡和入不敷出的财政困境。CBO（2023）报告指出，2023 年美国财政刺激政策力度已有所减弱，联邦政府财政赤字将小幅收窄至 1. 57 万亿美元。全球财政纪律约束或被重新拾起，财政支持政策将继续退出（Ma et al.，2024；肖立晟等，2024）。

总体而言，世界经济在动荡中仍表现出惊人的韧性，全球消费者信心得以提振，全球贸易投资也在停滞后有所回暖。IMF（2024）认为，尽管未来仍面临诸多不确定性，但得益于通胀压力有所放缓，各国宏观调控政策开始回归正常，全球商品与服务贸易交易活动回暖，世界经济总体趋势向好。

（二）技术创新推动世界经济发展

科技创新通过推动生产力变革和经济结构优化，催生了新兴产业和经济增长新动能，为全球经济实现持续发展与长期繁荣提供了重要支撑（戚聿东和沈天洋，2024）。在影响全球经济增长的中长期因素中，人口老龄化和物质资本积累放缓将制约经济增速的抬升。从长期来看，提高全球经济潜在增长率的关键因素是科技创新。

前沿领域的技术创新及其扩散效应是全球经济增速回升的关键。技术进步不断拓展着人类的知识边界，随着新兴技术的不断涌现和应用，各类生产要素和资源能以更高的效率和更有价值的方式实现配置。换言之，科技的发展使全球资源配置得以优化，生产效率得到明显提升，从而持续扩大经济增长的边界，成为推动世界经济增长的新引擎（梁昊光、黄伟，2024；苏剑、杨盈竹，2024；Zhang、Deborah，2024）。经过2021年和2022年全球融资下滑以后，目前科技产业已表现出回暖之势。2023年，全球关于科技初创企业融资近3200亿美元，与2019年（3355亿美元）几近持平。美国是全球科技产业融资最多的国家，2023年融资总额约为1500亿美元。中国紧随其后，约为484亿美元。英国位居第三，达213亿美元。从投资领域来看，生成式AI领域、电动车、动力电池的投融资规模分别高达207亿美元、165亿美元、92亿美元（邓宇，2024）。

当前全球技术创新具有绿色化、数字化、高科技化三大特征。数字经济已然成为全球经济复苏形成新经济增长极，是促进经济结构转型、经济增长的重要经济形态（周文、许凌云，2023；陈晓红等，2022）。在数字技术不断更新迭代的过程中，实体经济与数字技术相融合，数字经济也可以被认为是一种技术驱动型经济（吴春雅等，2024）。Yuan et al.（2024）认为，数字经济改变了全球贸易模式。数字经济的扩张将全球贸易范式的创新、效率和竞争力，从而支持高质量的国际贸易增长和知识经济的目标。得益于计算、通信和信息处理领域三股强大技术力量的融合发展，互联网、大数据、人工智能、物联网等数字技术迅速崛起，并深入融入各个行业。数字经济改变了传统经济活动，提升了生产效率，优化了资源配置，并催生了新产业、新业态和新商业模式，驱动经济社会加快数字化变革，这种变革又反过来推动数字经济和贸易快速增长（Ker，2021；Montagnier、Ek，2021；Veile et al.，2022；刘洋，2023；史丹等，2023）。

在世界经济发展因新冠疫情、保护主义和国际冲突而遭遇挫折的艰难时期，数字全球化和数字经济的蓬勃发展为全球复苏和全球合作带来生机（刘兴华，2023）。从全球化角度来看，数字经济不仅涉及贸易和数据，还涵盖安全问题，进而影响各国的全球地位和世界权力结构。因此，各国已将数字技术和数字产业作为提升综合国力的突破口。2022年，全球51个主要经济体的数字经济规模达41.4万亿美元，占GDP的比重升至46.1%。其中，第一、二、三产业数字经济占行业增加值的比重分别为9.1%、24.7%和45.7%，数字经济持续成为各国经济发展的重要引擎（余顺坤等，2024）。国务院发展研究中心对外经济研究部发布的《数字贸易发展与合作报告2023》指出，全球数字服务贸易规模在过去三年增长了36.9%，增速超过同期服务贸易和货物贸易。现如今，数字科技产业越来越与国家权力、地位和国际制度规则安排缠绕在一起（薛晓源、刘兴华，2022）。特别是对于新兴经济体而言，数字全球化弱化了既有经济发展阶段、技术积累、产业结构、劳动力素养等要素对发展中国家突围的制约（Prabhakar et al.，2021）。张宇燕、徐秀军（2024）认为，数字经济与数字贸易的发展前景广阔，尤其是发展中国家数字技术的发展与应用将为全球创造巨大的市场空间，数字技术的发展将成为重塑全球经济动力的重要依托。

随着全球经济数字化转型，技术创新将大幅推动这一进程，数字经济的绿色化也将带来大量需求（Lin et al.，2023）。全球绿色产业加速发展，多国加快制度和技术创新步伐，推动经济、能源和产业结构的升级，以实现可持续发展。刘芳（2024）认为，目前世界经济正处于缓慢增长的过程中，主要经济体的数字化绿色化协同转型是支持未来世界经济的增长点。技术进步加速了全球向绿色经济的转型，绿色转型所带来的新的产业发展是全球经济发展的未来之路，这将大幅推动世界经济的增长（白雄等，2024）。

（三）全球化进程在波折中前行

经济全球化是生产力发展和科技进步驱动下的结果，促使分工扩展、生产要素全球流动，以及世界市场和历史的形成。经过数十年的全球贸易整合，世界上没有任何经济体或区域可以做到完全自给自足，产业链和供应链完全去全球化难度很大（王宛，2023）。尽管全球范围内的贸易摩擦增多、逆全球化思潮逐渐增强，但全球化进程并未被彻底逆转，全球商品与服务出口占 GDP 的比重在 2021 年出现了回升，在 2022 年达到 31%，处于与 2008 年大致相当的高点（UN，2024a）。世界银行数据显示，2021 年和 2022 年，全球名义 GDP 分别达到 97.17 万亿美元和 100.08 万亿美元；同期，货物与服务出口规模分别为 28.2 万亿美元和 31.34 万亿美元，同比增长分别为 25%和 11%（World Bank，2024）。

囿于新自由主义理论的局限性，以资本利益导向推动的经济全球化模式正遭遇越来越多的发展困境，发达国家内部保护主义盛行，这成为全球化发展的重要障碍（Chase-Dunn et al.，2023；王跃生，2023；朱燕、纪飞峰，2023）。周嘉昕（2024）则认为，反全球化这种情绪产生的根源本质上是对资本主义全球化的不满，而非真正的反全球化。资本的逐利性和科技的不断进步，决定了经济全球化还将继续深入发展，推动全球经济增长的基础性动力犹存（余顺坤等，2024）。目前世界上的大多数国家，包括中国和美国在内，经济活动的取向仍旧是全球化，当前的逆全球化浪潮并不意味着全球化的结束。随着科学技术水平的不断提高，空间障碍将进一步缩减，全球协调对于应对未来流行病、气候变化、新兴技术和国际税收的政府间集体行动将变得更加重要，全球化的需求和效用将会更大（Contractor，2022；金碚，

2023；Mendoza，2024）。

朗昆等（2023）认为，全球化的本质是掌握核心技术优势的国家推动下的要素全球流动过程。在过去，以美国为首的西方发达国家占据着全球经济运行机制的话语主导权。而伴随着全球化过程中的技术扩散效应，世界各国之间的技术趋同使得关键要素跨境流动的必要性下降，全球化与国家主权的矛盾开始显现（Gao et al.，2023）。而进入21世纪以来，以中国为代表的新兴市场大国深度融入并影响了经济全球化的走向，新兴经济体已经是全球经济增长的新引擎，成为驱动经济全球化的新动力（陈宗胜、李瑞，2023）。在新兴市场国家仍在走向全球化的同时，美国等发达国家已开始采取预防措施，以遏制新兴国家挑战其经济霸权的潜在可能（Garg et al.，2022；Bu，2024）。在当前的全球经济格局下，“去全球化”所带来的地缘经济割裂反而引发了各种成本问题，凸显了全球经济推进“再全球化”的紧迫性。所谓“再全球化”，即全球规则因大国博弈升级而面临改革和重塑，全球资源面临重新配置，全球分工体系面临系统性重组（张宇燕、徐秀军，2024）。在这个进程中，新兴市场国家经济发展的未来前景值得期待，新兴市场与发展中经济体将成为推动新一轮全球化发展的新动能。联合国在《2024年世界经济形势与展望》中提到，2024年全球经济复苏增长表现主要取决于大型新兴经济体的增长潜力，特别是以中国、印度为代表的大型新兴经济体的增长表现将决定全球经济的发展趋势。高帆（2024）基于要素禀赋和比较优势理论印证了这一观点：新兴市场国家之间的经济关联程度很可能会提高，在重要的国际经济组织中，新兴市场国家的影响力也可能会增强。中国作为第一贸易大国，其对全球化的贡献不言而喻，并有望成为新型全球化的引领者（李稻葵等，2023）。2023年世界银行发布的《中国经济简报》中肯定了中国经济复苏对亚洲甚至全球经济恢复的重要性。得益于中国经济加快复苏，2024年亚洲新兴和发展中经济体经济增速将为5.2%，较2023年10月预测值上调0.4个百分点，同时有望拉动2024年全球经济增长预期进一步上调。在国际合作方面，中国和其他亚洲国家精心策划的区域合作和战略倡议——包括上海合作组织（SCO）、共建“一带一路”倡议（BRI）、亚洲基础设施投资银行、区域全面经济伙伴关系协定（RCEP）等，正在塑造一个涉及以开放心态拥抱多极世界的全球新秩序的形成。在2022年全球外国直接投资下行的大趋势下，多数RCEP成员国利用外国直接投资仍然快速增长，呈现出积极的上升态势（袁波等，2023）。

换言之，全球化仍是未来发展的主流，是当今世界经济发展的客观趋势，只是在某些形式上有所调整（李正图和朱秋，2024）。欧美等发达国家实施的制裁措施脱离了世界经济市场的发展轨迹，本质上是对经济全球化大势的悖逆，其结果必然是徒劳的（赵静梅等，2024）。背离全球化的国家会付出丧失福利等沉重的代价。历史经验也表明，这些国家也会丧失国际竞争力和国内政治合法性。虽然新一轮技术革命和产业革命尚未爆发，但以数字技术为代表的新一轮信息技术革命，及其可能引发的产业变革已经初现曙光，使世界经济焕发出新的活力（张二震、戴翔，2024）。

三、世界经济形势的不确定性

全球化使得各国经济相互依存，但也增加了风险的传导性和复杂性。2023 年，受全球紧缩货币政策影响导致需求疲弱，全球范围内利率长期居高不下，而贸易限制措施增加、地缘政治冲突频发，以及气候危机加剧等诸多难题的叠加效应，使得全球经济体系的运行机制更为复杂，世界经济的不确定性陡然增加（石庆焱等，2024）。

（一）地缘政治紧张局势仍未缓解

受大国博弈、新冠疫情、俄乌冲突等多重因素的影响，全球地缘政治冲突明显增加。尽管地缘政治风险指数在 2022 年底有所回落，但其较 2017 年相比仍处于高位（见图 2-1）。由于大国对抗和冲突、乌克兰危机长期化、巴以冲突持续及难以遏制的扩散性效应，全球地缘政治格局正在出现新的结构性对抗和冲突。2024 年，地缘政治风险并未得到明显缓解，地缘冲突压力下所导致的紧张局势仍将是扰动世界经济复苏的不确定因素之一。

地缘政治冲突的根本诱因是世界范围内资源分布的不均衡，这既是全球化发展的基础，也是地缘政治竞争的前提。当前，全球化正处于转型时期，伴随着美国政府的全球领导力不断降低，以及中国为首的第三世界的崛起。全球供应链越来越多地向新兴市场经济国家转移，西方国家的先发优势逐渐丧失，产业空心化日趋严重。大国博弈、再边界化、能源政治等地缘对抗因素不断冲击着现实的国家关系及未来国际秩序的建构（刘雪莲、张觉文，2024；朱燕、纪飞峰，2023）。而科技发展、军事行动与政治角力相互交织，人工智能、数字技术的日新月异不仅推动了全球发展，也同样增加了地缘政治冲突的概率（朱民等，2024）。

地缘政治冲突对全球经济复苏的不利影响是显而易见的。从贸易自由的角度来看，对多边主义的怀疑使得地缘政治因素战胜了自由市场原则，内向型政策的吸引

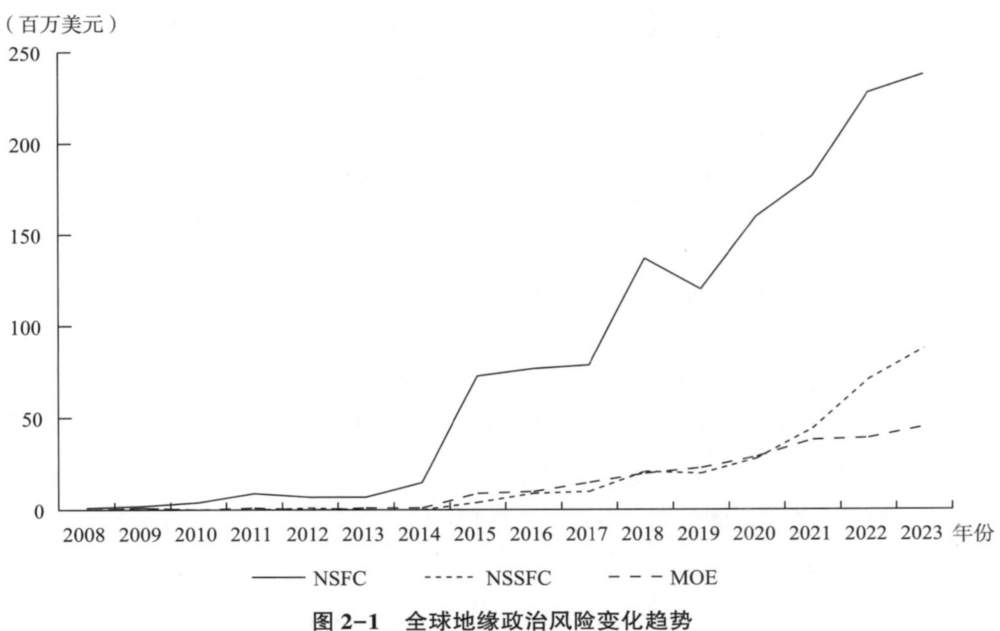

图 2-1 全球地缘政治风险变化趋势

数据来源：全球地缘政治风险指数（https://www.matteoiacoviello.com/gpr.htm）。

力日益增强，并通过商品市场、贸易和金融等渠道来限制全球贸易的自由流动（石庆焱等，2024；丁一凡，2024；Aiyar et al.，2023）。Costanza、Stamato（2024）则强调，地缘政治距离已然成为一种不可忽视的贸易壁垒，地缘政治距离的增加会导致全球经济碎片化加剧，不仅限制全球贸易，阻碍跨境资本和技术流动，还对全球经济造成重大损失，影响气候变化和粮食安全等领域的多边合作。此外，地缘政治风险同样会对现有的全球价值链产生一定的冲击。现如今，"友岸外包"已经逐渐替代"近岸外包"，成为以美国为首的发达国家重塑全球价值链的新战略，并利用其对经济网络中心节点的控制力试图将这种经济战略推广至全球范围，以达到安全政策目标（竺波亮，2024）。在全球多边贸易受阻的情况下，相互邻近的各国、各地区纷纷试图构建更加符合自身利益的区域性制度安排。如果地缘政治竞争持续或者加强，为规避无法预知的政治风险，跨国公司作为全球化的主体，将会选择对原有生产链进行调整，进一步加速将产业链本土化、区域化（孙成昊、申青青，2023）。

国家主权作为当代国际经济与社会中的主导行为体，各国政府的意识形态和开放决策完全可以控制资本的行为。当世界经济增长所带来的利益无法弥补综合国力的变化所引发的权力矛盾时，现行的经济运行机制就会引来国家层面的干预。大国竞争和可能继续扩大的军事冲突危险正在使全球地缘政治冲突与对抗结构化、整体化和长期化。受新冠疫情影响，世界经济增速明显下滑，全球经济前景本就不容乐观，俄乌冲突更加速了各国对安全竞争的部署，“发展要安全”已经上升到大国战略全局的高度，世界形成两大平行的贸易和产业体系难以避免（张燕生，2024）。但是历史经验表明，全球经济碎片化、集团化和安全化会加剧世界经济不平衡发展，增加世界经济发展的不确定因素。如果世界分化为西方、东方和中立三个贸易区块，在最极端的情况下世界贸易流量会减少22%~57%（Campos et al.，2023）。

（二）全球贸易和投资增长乏力

据WTO在2023年发布的《全球贸易展望与统计》显示，全球贸易增长受俄乌冲突、居高不下的通货膨胀、货币政策收紧和金融市场不确定性等因素的拖累，将保持低迷。张宇燕、徐秀军（2024）指出，受经济增长放缓、贸易保护主义升级和经济碎片化带来的冲击等影响，全球债务风险高位累积，贸易投资增长乏力。

全球贸易与投资变化趋势如图2-2所示，证实了全球贸易和投资增长乏力的观点，加剧了当前全球经济环境的不确定性。自2008年金融危机以来，全球投资流入和流出的增长出现了明显停滞，尽管这一现象在2010年至2015年期间有所恢复，但总体增长趋势并不稳定。特别是2016年之后，全球投资流入量和流出量出现较大范围的波动，并在2020年急剧下降。与此同时，全球商品与服务贸易额虽呈总体增长趋势，但其增长速度也出现了滞缓。全球贸易的增速在过去几十年中都高于经济增长速度，但在金融危机、贸易摩擦、地缘政治风险，以及新冠疫情等多重不确定

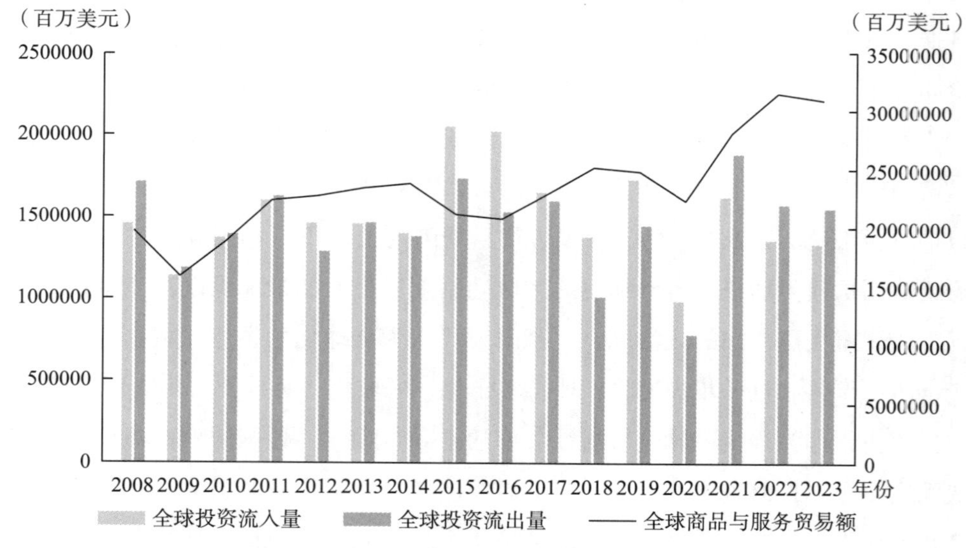

图2-2　全球贸易与投资变化趋势（2008—2023年）

数据来源：UNCTAD（https://unctadstat.unctad.org）；WTO（https://stats.wto.org）。

因素的影响下，全球商品与服务贸易额也呈现出增长乏力的迹象。2023 年，这一增速下滑至 1.7%，远低于过去 12 年 2.6%的平均水平。2019 年至 2023 年，全球贸易平均增速约为 2%，是自 1990 年以来增长最慢的五年。

1. 贸易保护主义抬头

全球贸易保护主义的兴起无疑会限制国际贸易的自由流动，影响国际经济合作的稳定。近年来，资本主义国家内部矛盾的外溢趋向与国际问题的渗透效应叠加明显，原本主张促进经济全球化的西方发达资本主义国家为了保护本国利益开始对其持反对意见。

发达国家是导致贸易保护主义盛行的主要力量（高原，2022；Mariotti，2023；袁银传，2024）。当前全球化的贸易体系是资本主义发达国家为解决生产过剩能力而建立的市场渠道，发展中国家可以被视为是国际贸易体系的被动接收者。然而随着世界格局的巨大变化，全球经济发展动力从发达国家开始逐渐转向发展中国家。新兴经济体的国际影响力逐渐提升，从国际规则的被动接受者转变成为国际规则的影响者甚至是制定者，美欧等发达国家的先发优势逐渐丧失。制造业外包、低成本劳动力输入等现象更使得发达国家的传统行业就业机会减少，国家内部少数受益者与广大民众包括中产阶级之间因收入差距产生的阶级对立矛盾也逐渐尖锐化，这样的经济困境和社会不平等加剧了发达国家内部对全球化的怀疑和反感。由于资本主义社会矛盾不断激化，在国内政治和对外贸易的平衡中，国内政治考虑超越了国际贸易需求，对贸易政策制定的塑造作用明显增强。各国为迎合国内政治需求纷纷转向贸易保护主义，这种政治反应也是发达国家实现其内部矛盾外引的最佳工具（宋国友，2024；宋宪萍，2024）。

贸易壁垒的不断增加也造成了全球市场信心的缺失。目前市场的资金流向表明，全球投资者对新兴市场的信心明显不足。科尼尔在 2024 年发布的《外商直接投资信心指数报告》[①] 中指出，由于贸易保护主义的兴起，全球投资者对全球运营环境风险的日益增加持谨慎态度。约 85%的投资者认为，发达市场和新兴市场之间商业障碍的增加可能会为未来一年的投资带来风险。在贸易保护主义的压力之下，多数企业会偏向选择投资风险较低的贸易活动，这将在很大程度上限制全球贸易便利与自由化的发展。

---

① https://www.kearney.com/service/global-business-policy-council/foreign-direct-investment-confidence-index.

2. 投资审查制度收紧

随着国际政治经济格局的变化，国家间的经济和政治紧张局势加剧，国家安全已经成为各国的首要考虑因素。近年来，由于外资在高新技术等关键领域的贸易争端也不断增多，大多数发达经济体以维护国家安全为由，开始逐步收紧现有的投资审查机制（潘圆圆，2023；Eichengreen，2024）。UNCTAD 发布的《世界投资报告 2024》称，在经济放缓和地缘政治紧张局势加剧的情况下，2023 年全球 FDI 下降了 2%，降至 1.3 万亿美元。在所有对外商投资者不利的政策变化中，有将近一半（45%）是各国新建或扩展 FDI 审查机制导致的。

美国作为全球第一大经济体和重要的资本市场，是最早设立外资国家安全审查制度的国家。自 2018 年以来，美国逐渐将投资安全审查工具化，以维护自身的霸权地位。随着中美竞争加剧，美国不断泛化投资安全的审查范围，并着手构建双向审查制度，在贸易投资领域设置壁垒（陈文玲，2023；张俊芳等，2023；刘露馨，2024）。不仅如此，美国还试图通过鼓励性政策和长臂管辖权等一系列策略使得投资审查机制联盟化（桑百川等，2024）。2019 年 3 月，欧盟议会与欧盟理事会通过了《欧盟外商直接投资审查条例》，并于 2020 年 10 月正式开始实施。2024 年 1 月，欧盟又进一步提出了《欧盟外国投资审查条例并废除 2019/452 号条例的提案》，其中关于投资审查的覆盖范围和对象增多，并高度重视流入关键技术领域的投资活动。在亚太地区，澳大利亚也紧随其后颁布了《2020 年外国投资（保护澳大利亚国家安全）改革法》，建立了相应的审查制度。即便是以商业友好著名的新加坡也出台了《重大投资审查法案》，希望通过对关键实体重大投资的管理来达到维护国家安全的最终目的。由此可见，越来越多的国家开始引入投资审查机制，而关于投资审查的覆盖范围也在不断扩大，特别是对涉及国家安全的敏感行业，其审查的程度也日趋严格，国际投资自由化进程严重受阻（邢政君、程慧，2022；褚晓、熊灵，2022；周一帆，2024）。

（三）世界主要经济体政策导向尚不明确

现如今，国家意志已凌驾于资本逻辑之上，成为左右一国政策导向的最主要因素。美国、欧洲作为全球主要消费国，是全球经济不确定性的主要输出者。如果他们的经济走势不明确，中国、东盟、印度等生产国和地区可能要面临需求的较大波动，不利于世界经济的恢复。2022 年，美国与欧洲的通货膨胀大幅上涨，名义 CIP 超过 8%，接近 10%。美联储与欧洲央行不得不大幅提高利率，以抑制需求。政策的不确定性可能不会引致宏观经济变量的剧烈波动，但确实会对宏观经济产生一定的负向冲击效应。整体来看，政策导向的不确定性对全球经济的影响弊大于利（付一婷等，2022）。宏观经济不确定性上升可以通过实物期权机制、银行信贷机制、风险承担机制及预期效应机制等多种途径，导致国内外资本流入大幅减少（Choi et al.，2021；Paudyal et al.，2021）。

1. 美国经济政策的不确定性

经济不确定性本质上是一种不可观测因素，这种状况是由于经济主体对当前经济状况缺乏准确评估的知识所致。自特朗普执政以来，美国宏观经济政策调整频繁，政策不确定性增加，全球经济面临更多的未知压力。关于经济政策不确定性的经济效应的研究，总体来看，虽然政策不确定性对不同经济变量的影响机制存在差异，但经济政策不确定性的上升通过对金融、住房和股票市场、债务发行等渠道导致经济增长减缓，一国投资、产出和就业下降，企业进出口贸易受阻，在全球宏观经济和企业微观层面均产生了一定的负面冲击（Handley、Lim，2017；谭小芬等，2022；Al-Thaqeb et al.，2022；Carballo et al.，2022；刘金全等，2023）。

根据 Baker et al.（2016）定量测算的经济政策不确定性指数，美国经济政策不确定性指数在过去十年间经历了多个波动期。尽管该指数在 2020 年达到峰值后有所回落，但相比 2014 年，现阶段美国经济政策不确定性指数仍处于较高水平（见图 2-3）。

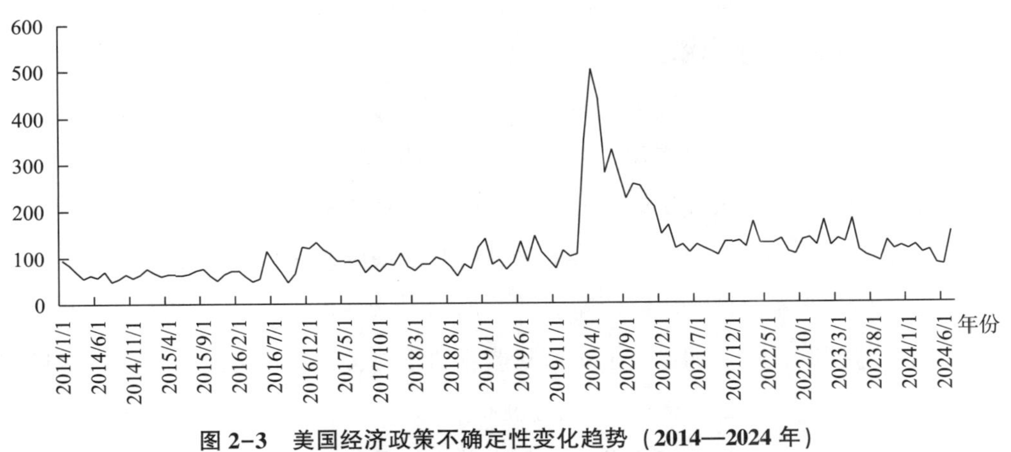

图 2-3　美国经济政策不确定性变化趋势（2014—2024 年）

数据来源：全球经济政策不确定性指数（https://www.policyuncertainty.com）。

也有部分学者以货币政策为研究对象来衡量一国的经济稳定性。美国货币政策是全球金融周期的主要驱动力，其国际传导是新兴市场经济体经济波动、金融动荡的重要来源（Lin、Qian，2022；胡晓鹏、李琦，2024；余静文、李媛媛，2024）。为应对美国国内经济下行和高通胀，美国货币政策自2018年便开始频繁调整。2020年，新冠疫情暴发对美国经济造成了严重冲击。针对实体经济严重衰退、失业率急剧攀升，为防止经济金融系统的灾难性崩溃，美联储再度重启零利率政策和量化宽松政策。大水漫灌式的货币政策在刺激经济复苏的同时，也导致了美国国内经济过热，通胀率创下40年以来新高。随着新冠疫情好转和全球经济缓慢复苏，在巨大的通胀压力下，美联储又转为施行紧缩货币政策，短期内持续大幅加息，从2022年3月到2023年7月连续加息11次，累计加息达525个基点。为进一步缓解通胀，促进美元回流和经济发展，美联储还于2022年6月起开始了缩表进程（胡晓鹏、李琦，2024）。作为美国的中央银行，美联储的政策调整不仅影响美国经济，也对全球包括中国在内的其他国家的资产价格或宏观经济产生溢出效应（Bruno、Shin，2015）。由此，美国货币政策“松与紧”频繁调整的不确定性逐渐蔓延至其他经济体，全球各大经济体发展都呈现出不同程度的滞胀状态。

鉴于美国是全球金融体系中心地位与货币结算体系核心，美联储货币政策的不确定性直接反映了美国国内当下经济现状，以及全球金融贸易稳定性情况，其货币政策的调整对其他国家价格体系和经济情况的影响更为突出（Povilas et al.，2023）。美国将输入性通胀与经济衰退风险带来的较大不确定性，加剧了全球金融市场结构性失衡。特别是对新兴经济体而言，美联储货币政策的复杂性和高度不确定性，导致资本从经济基本面较弱的新兴经济体撤离，国际资本流动大幅波动。

2. 欧盟产业政策的不确定性

欧盟的产业战略可以追溯到2008年的金融危机，那时全球经济遭遇重创，国际产业竞争环境开始发生显著变化。随着地缘政治冲突加剧和全球贸易活动逐渐受大国政治博弈的操控，新兴经济体，特别是以中国为代表的国家，在能源转型领域展现出明显的产业优势，这使得欧盟对于自身产业结构的脆弱性产生了越来越深的担忧。新冠疫情暴露了全球供应链的脆弱性，加剧了这一担忧，并促使欧盟对其产业政策进行强势回归，逐步加强对工业和制造业的重视，旨在提升欧盟产业链和供应链的韧性（李帅宇，2023；潘家华等，2023）。

欧盟产业政策的方向性困惑是造成不确定性的主要因素。新冠疫情和地缘政治冲突引发了欧盟对产业链安全的关注，欧盟将“再工业化”作为实施产业政策的首要任务。然而，对于经历了“去工业化”阶段的欧盟来说，实现“再工业化”并非易事。特别是俄乌冲突直接引发的能源短缺和市场紊乱，使得欧洲产业的过渡变得更加脆弱（潘家华等，2023）。为此，欧盟开始着手调整自身的产业结构，力求通过全面升级工业生产方式来实现“战略自主”的最终目标（郑春荣、吴永德，2021；赵宁宁、张杨晗，2024）。“经济自主”是关键，而“经济自主”的重要组成部分就是“产业自主”。欧盟委员会于 2020 年 3 月 10 日发布题为《欧洲新产业战略》的政策通报，提出以工业创新引领“双转型”，进而提升工业竞争力。提出了“绿色新政”和“数字战略”，并将之作为推进“开放性战略自主”的核心政策部署。《欧洲新产业战略》的推出和实施，旨在加强产业自主能力。与此同时，欧盟还希望通过进一步调整产业政策，抓住新产业革命的先机，推动可再生能源、数字经济和高端先进制造业等新兴产业的发展，从而在全球产业链中占据有利位置。

但是，欧盟战略自主性受到多方掣肘，导致其产业政策面临很大的不确定性。欧盟的战略自主性受限于其内部的多层级治理结构。在欧盟内部，产业政策的制定和实施不仅需要在欧盟层面达成一致，还必须考虑到各成员国的利益和政策立场。这种多层级的政策协调机制使得统一的产业战略难以实施，各成员国之间的利益分歧和政策不一致常常导致政策的推进受阻。对于单一的主权国家而言，欧盟的特殊性还体现在产业政策至少在欧盟和成员国这两个层面实施，因而欧盟还需强化欧盟层面的权力来促进欧洲一体化的政治动力（姜云飞，2024）。此外，本就深陷一体化危机的欧盟在近两年又连续遭受新冠疫情和乌克兰危机的打击，进一步加剧了实现战略自主的困难。新冠疫情和乌克兰危机对欧盟经济和产业链造成了严重冲击，暴露了其产业链的脆弱性。新冠疫情导致了全球供应链的中断，而乌克兰危机则直接引发了能源短缺和市场紊乱，这些都加剧了欧盟在实现战略自主过程中的不确定性。面对美国在外交和防务领域施加的压力，欧盟的战略自主目标特别是在防务领域的实现更加困难。

四、世界经济不确定性的影响

面对当今世界的动荡，在可预见的未来，世界经济形势在长期内仍旧面临较多的不确定因素（Brown et al.，2023）。当前，全球产业链和供应链正在经历深刻重塑。随着地缘政治风险和贸易摩擦的加剧，“泛安全化”现象日益突出，各国纷纷加强关键领域的自主可控能力，这导致全球供应链面临重组。这种趋势不仅加剧了全球经济的分化，也为国际贸易和投资带来了新的挑战。在此背景下，中国凭借庞大的市场规模、完整的产业链和强劲的经济韧性，有望成为全球经济增长的重要引擎，为世界经济的复苏和稳定贡献关键力量。

（一）全球产业链结构重塑，全球供应链面临重组

当前全球面临国际大变局，全球要素禀赋格局也随之变化，全球产业链与供应链布局由单一的成本至上上升到成本、市场、安全等因素的多重考量。

得益于如量子信息、人工智能和大数据分析等数字化技术的发展，以数字经济网络为代表的生态系统成为产业经济中最为活跃的部分。新科技革命促进了产业链的协同能力，为产业结构转型提供了必要的技术前提。反之，全球产业链也受到高速发展的信息技术冲击，逐渐改变其内涵与外延，并且互联网、大数据、人工智能和实体经济深度融合特征也日益彰显。而俄乌冲突引发的能源危机更暴露了各国产业链的脆弱性，在环境污染、全球变暖、人口与资源矛盾突出的背景下，构建协调、包容、绿色且可持续发展的产业结构成为全球大多数国家的发展目标之一。基于此，实现产业链“数字化”“绿色化”升级成为未来十年全球产业链发展的重要趋势（杨丹辉、渠慎宁，2021；李晓华，2022）。未来全球产业链的发展将呈现出数字化和绿色化的趋势（白雄等，2024；刘敏等，2024）。

产业结构的转型确实对全球价值链的重组产生了深远的影响。全球供应链的基本特点是协作性，资本的跨国流动将分散在不同地区的劳动力和市场联系起来，不同经济体凭借自身特定比较优势承担全球生产分工。跨国公司在政府的行政干预下，不得不从原来优先考虑低成本、高效率的供应链布局逻辑转向更多考虑供应链的安全和价值观贸易。产业结构的改变会导致企业在产品层面进行调整，引发生产环节的改变，进一步收缩跨国经营企业的全球布局（Findlay、Hoekman，2021；Babić et al.，2022）。

对发达国家而言，其内部面临着严重的制造业“空心化”、产业结构过度疲软等问题，而对以中国为代表的发展中国家来讲，在工业化发展过程中也面临着发达国家在关键领域技术封锁的威胁。全球产业链、供应链韧性对于国家经济和政治安全的重要性不言而喻（陶涛，2022）。如今，全球经济复苏乏力诱发国际贸易保护主义上升、国际经贸摩擦频发，叠加地缘政治冲突升级，全球各工业与贸易大国不同程度上降低了全球产业链与供应链的参与度，其韧性面临较大的挑战（沈国兵、沈彬朝，2024）。以全球产供链为纽带的世界经济当前正在进入一个十字路口，Bonadio（2021）研究表明，在新冠疫情冲击下，如果一国或地区不参与全球供应链，其 GDP 反而会遭受更大的冲击。以牺牲效率来换取国家安全是不可取的，全球产业链与供应链并不会就此解体，而是会在原有基础上迎来重组。世界范围内产供链本

土化和区域化的发展趋势更加深化，国际经济合作的重心由多边合作转向区域和双边合作。

参与国际分工较深、全球产业链较长、全球供应链依赖性较强的产业，受到不确定性事件影响较大。在此背景下，产供链“多元化”“区域化”“短链化”成为各国为解决全球产供链安全问题的解决方案。当然，未来会朝哪个方向发展，将取决于大国地缘政治经济与全球自由市场力量的博弈，以及各国政府干预与企业应对的动态变化（盛朝迅，2022；金碚，2023；刘洪钟，2024）。

（二）“泛安全化”现象日益突出，全球经济持续分化

“泛安全化”是当前全球政治经济演化过程中出现的一种不正常现象。在不确定性的世界经济环境中，各国逐渐超越传统的军事和国家安全范畴，将安全问题和安全措施渗透到社会生活的各个方面，涵盖了经济、科技、信息等“低政治”领域，包括能源基建、数字信息、人文科技等非安全和非传统的安全问题（龙春生、袁征，2023；易小准等，2023；Zong、He，2023）。这种“泛安全化”现象加剧的直接原因是国际关系的不确定性增加。“冷战”结束后，世界经济迎来了“超级全球化”时代，但也导致恐怖主义、地区冲突、大国博弈等问题频发，新兴经济体的崛起导致美国的霸权地位日渐衰落，安全问题成为国家的主要政策考量。全球供应链的复杂性和脆弱性在新冠疫情期间暴露无遗，各国纷纷意识到过度依赖外部市场和供应链的风险。因此，许多国家开始采取保护主义措施，力图实现关键产业的本土化和自主可控。与此同时，技术安全也是“泛安全化”现象中的重要组成部分。以美国为代表的西方国家对中国等新兴经济体采取技术封锁和制裁措施，试图遏制其科技崛起。

由此可见，“泛安全化”现象的日益突出是全球化时代的必然产物，也是导致全球分化的根本原因。随着新兴经济体的群体性崛起，国际权力的变迁使得全球经济格局不断更迭，“西衰东兴”“北降南升”和“单极变多极”的格局变动趋势愈加清晰，以美国为首的发达国家不得不面对来自新兴市场国家的挑战。王宏淼（2024）指出，全球贸易碎片化导致世界市场和国家群组分裂，使得主要经济体之间的产业与金融周期不再同步，宏观政策和经济表现也出现了较大差异，分裂导致了分化。廖淑萍、王有鑫（2024）也同样认为相较于新兴经济体，发达经济体面临的“遏通胀和稳增长”两难问题更加突出，发达经济体与新兴经济体之间的经济走势和货币政策走势将分化。从供需关系来看，当前世界市场中来自需求端的下行压力可能要

大于生产端。这意味着霸权国家无法维持其霸权地位，并对此不断采取各种贸易抑制政策措施，以削弱多边贸易机构的地位来达到遏制新兴经济体发展的最终目的（Costanza、Stamato，2024）。如果这种对立的分化持续下去，全球经济很有可能被划分成为不同的东西方集团，其中“西方”大致是指北约国家，“东方”是指在政治上与中国保持一致的经济体（Barbieri，2024）。

尽管全球经济面临地缘经济割裂的挑战，但在当前全球经济格局下，一些国家采取“去全球化”的选择并不切实可行。全球经济的分化现象并非标志着全球化的终结，反而是各国应对复杂多变国际环境的一种策略性选择。各主要经济体、跨国公司试图在“市场开放”和“国家安全”之间摸索一种新的平衡，以应对国家间的竞争和对抗。伴随着“泛安全化”现象的蔓延，各国在不断推进开放型经济的过程中，会更充分考虑安全因素的影响，全球经济持续分化的趋势也愈加明显，直到新的国际经济格局和秩序重建完成（叶海林，2024）。

（三）中国将成为世界经济增长的重要引擎

中国的经济崛起在过去几十年中经历了令人瞩目的变革，从一个以农业为主的经济体转变为全球第二大经济体，并在国际经济体系中扮演着越来越重要的角色。中国人民大学中国宏观经济分析与预测课题组等（2024）报告指出，在应对全球经济挑战方面，中国展现出了强大的韧性和适应能力。展望未来，中国有望进一步巩固和扩展其作为世界经济增长引擎的地位，推动全球经济的复苏与发展（张燕生，2024）。这一趋势不仅源于中国经济自身的增长动力，还包括其对全球经济的战略影响力、政策导向，以及国际合作的推动作用。

首先，中国经济的强劲增长动力为全球经济注入了持续的活力（陈宗胜，2024；丁一凡，2024；刘芳，2024；张生玲等，2024）。中国在过去几十年的高速增长为全球经济带来了巨大的市场需求和投资机会。2024 年，中国经济持续复苏，一季度 GDP 增速 5.3%，私人部门消费快速反弹，增速高达 9%，拉动经济增长 3.2 个百分点。根据 IMF 的预测，中国经济将在未来几年继续保持较高的增长率，成为全球经济增长的主要贡献者。在当前世界经济复苏疲软态势之下，中国的经济结构也从原先依赖出口和投资驱动转向内需驱动，特别是在消费和服务业方面的增长将进一步推动全球经济的繁荣。

其次，中国的技术创新和产业升级也将对全球经济产生深远的影响（梁昊光和黄伟，2024；苏剑和杨盈竹，2024）。科技创新是经济发展的核心动力，近年来，中国在人工智能、5G 通信等领域取得了重大突破。科技创新体制机制持续改善，全社会创新生态不断优化（马建堂等，2024）。中国在前沿技术领域的突破，不仅对国内产业结构向更高端、智能化、绿色化发展起到了积极作用，更推动了全球产业链的重组与升级，促进了全球数字经济的发展和智能制造的普及，为全球经济带来新的增长点和机遇（刘洋，2023；陶锋等，2023）。

此外，中国在全球经济治理中的积极作用也为其成为世界经济增长主要贡献者提供了重要支持（林跃勤，2024；欧阳向英，2024）。面对发达国家单边主义和贸易霸凌行为的阴谋与企图，中国坚定地维护联合国作为多边治理体系的核心地位，捍卫以 WTO 为代表的多边贸易体制（黎峰，2023）。事实证明，中国不仅怀有参与全球经济治理及推动其合理变革的强烈愿景与抱负，也具备严肃认真的责任担当。在全球金融治理改革、多边贸易治理机制改革、数字治理规则标准、全球发展倡议等方面提出了一系列重要建议，为推动全球治理体系朝着更加公正合理的方向发展做出了重要贡献。特别是中国倡导的共建“一带一路”倡议通过推动基础设施建设和区域经济合作，为促进共建国家和地区的发展做出了积极贡献，同时也加强了中国与其他国家的经济联系，有效带动了全球贸易和投资的增长（宋国新，2024）。

五、世界经济形势展望与中国应对

（一）世界经济形势展望

当前的世界经济形势正处于前所未有的转型期，呈现出确定与不确定并存的复杂局面（Vrontis et al.，2024；Pedersen，2024）。一方面，全球经济正逐步走出新冠疫情的阴霾而步入复苏态势。各国的经济刺激政策、跨国企业的商业策略调整，以及消费者需求的恢复，使得世界经济正逐步回到增长轨道。另一方面，科技进步也在引领着全球产业不断创新，成为未来经济发展的重要驱动力。无论是人工智能、大数据通信、5G 技术的普及，还是绿色能源的研发与应用，都为经济的可持续发展注入了新的动力（郎昆等，2024）。尽管在全球化进程中出现了一些波折，但总体而言，全球经济一体化的趋势不可逆转，各国之间的经济与贸易仍在频繁活动，这是推动全球经济发展的重要力量。

然而，世界经济前景也充满了不确定性（宋国友，2023；高飞等，2024）。首先，地缘政治局势的紧张给全球经济带来了巨大挑战。俄乌冲突持续，全球能源市场极度不稳定，加之发达国家与第三世界国家之间政治、经济和外交的多方面摩擦，也在一定程度上扰乱了全球市场的信心，增加了经济增长的不确定性（高帆，2024）。其次，全球贸易和投资的增长乏力。尽管各国逐步解封，但一些国家为了保护本国经济采取的贸易保护主义政策，致使全球贸易增长仍然疲软，尤其是在供应链和物流方面的瓶颈未能完全解决的情况下。投资审查制度的收紧也使得全球资本流动趋于保守，跨国投资出现下降趋势。这些因素使得全球贸易和投资的增长动力不足，进一步延缓了全球经济的复苏进程。最后，美欧等主要经济体的政策导向不明确，也为世界经济的前景增添了变数。美国国内与对外政策方面的摇摆不定，使得全球资本市场波动加剧。而欧洲则面临着产业转型和经济衰退的双重压力，政策应对难以统一。政策的不确定性不仅影响了这些经济体自身的增长，也对全球经济产生了连锁反应，导致投资者信心不足，市场预期偏向悲观。

在这些不确定性因素的作用下，全球产业链结构正在经历深刻的重塑。随着各国政府和企业重新审视供应链安全，许多跨国公司开始调整生产布局，以减少对单一国家或地区的依赖。这种重组不仅影响了全球供应链的效率，也增加了成本，进而影响了全球贸易格局。同时，“泛安全化”现象日益突出，经济安全逐渐成为各国政府关注的焦点，贸易和投资政策中加入了更多的安全考虑，进一步加剧了全球经济的分化。不可否认的是，在这样的复杂形势下，中国经济的稳定增长和强劲表现为全球经济注入了信心（丁一凡，2024）。中国作为全球第二大经济体，近年来在经济结构调整、科技创新、绿色发展等方面取得了显著成就，成为世界经济增长的重要引擎。特别是在全球供应链重组的背景下，中国凭借其完整的产业链和庞大的市场，吸引了大量的外资，并在全球经济治理中发挥着越来越重要的作用。

展望未来，尽管全球经济面临诸多挑战，但在技术进步、全球化继续推进，以及中国等新兴市场国家的带动下，世界经济仍然有望继续复苏和发展。然而，要实现这一目标，各国需要加强合作，妥善应对地缘政治风险，从而推动全球贸易和投资的可持续增长。同时，各国政策的协调也是实现全球经济稳定增长的关键因素。在这条充满不确定性的道路上，全球经济合作与协作变得尤为重要，通过国际间的合作与协调，世界经济的复苏和繁荣依然值得期待。

（二）面对不确定因素的中国方案

面对当前复杂多变的世界经济形势，作为世界第二大经济体和最具代表性的新兴经济体，中国应采取多方面的战略措施，在保持自身经济增长的同时，促进全球经济的稳定与持续发展。

1. 坚持高水平对外开放，以制度型开放赋能新质生产力发展

坚持高水平对外开放，以制度型开放赋能新质生产力发展，是当前中国经济战略中的核心任务之一（张燕生，2024）。对外开放让中国经济实现了从封闭走向开放、从传统农业社会走向现代化工业社会的巨大飞跃。高水平的对外开放不仅为中国带来了大量的外资和技术，同时也促进了国内市场的竞争和效率提升，推动了产业结构优化和升级（江小涓等，2023；桑百川，2024）。

在当今全球经济一体化的背景下，中国的经济发展需要更多的制度创新和开放，以适应新的经济环境，应对新的挑战。制度型开放是一种推动国内规则体系和基本制度框架与国际高标准经济贸易规则双向有机衔接的开放模式，可被视为规则和制度体系的开放。在这种开放模式下，中国可以更好地借鉴国际高标准经济贸易规则，并将其与中国本土的实际情况相结合来促进资源的有效配置，推动经济结构的转型升级（李平等，2024）。不仅如此，沈国兵、沈彬朝（2024）还指出，制度创新和外溢为中国带来了规模经济优势的支撑。随着中国经济的崛起，中国在国际经济贸易规则制定中的地位和影响力也在不断提高。通过制度型开放，中国可以更好地参与国际经济贸易规则的制定和修改，从而提升国际竞争力和市场影响力，为中国的经济发展提供更加稳定和可持续的环境（刘彬、陈伟光，2023）。

新质生产力是推动经济高质量发展的关键动力，也是实现高水平开放的重要基础。制度型开放是适应新质生产力发展需求、为中国经济高质量发展提供持续动力的重要战略（戴翔、张二震，2024；任保平，2024；李瑞琴等，2024）。首先，制度型开放能够促进国内制度创新，为经济发展提供更加稳定和可持续的环境。通过深化改革、优化营商环境、扩大对外开放等措施，制度型开放能够为市场主体提供更加公平、透明、法治化的营商环境，促进各类市场要素的自由流动和有效配置。这不仅有利于激发市场主体的活力和创造力，也有助于提高经济发展的质量和效益。其次，制度型开放能够适应新质生产力的发展需求，为新型生产关系的形成提供有力支持。新质生产力的发展对新型生产关系有着强烈的需求，而制度型开放能够通过深化改革、优化资源配置、加强技术创新等措施，推动新型生产关系的形成和发展。这不仅能够提高生产效率，降低生产成本，同时也能够提高市场主体的竞争力和创新能力，为经济发展提供更加可持续的动力。韩文龙、唐湘（2024）认为，新质生产力的发展也构成了高水平开放的目标导向与内在依托。制度型开放与新质生产力发展相互促进、协同发展，为中国经济高质量发展提供了持续的动力。通过深化改革、优化营商环境、扩大对外开放等措施，制度型开放能够为经济发展提供更

加稳定和可持续的环境，也能够适应新质生产力的发展需求，为新型生产关系的形成提供有力支持。

2. 加强国际经贸合作，积极参与全球经贸规则的建设

加强国际经贸合作，尤其是新兴经济体内部的合作，是应对世界经济不确定性的重要措施。新兴经济体作为全球经济增长的新动力，其合作与联动直接影响全球经济格局的变化。现阶段，发达国家仍保持着其在国际经贸领域的绝对优势，这使得它们在全球规则制定、市场准入等方面拥有更多的话语权，而新兴经济体则需要面对来自发达国家的各种挑战和不确定性（郑休休等，2023；徐秀军，2024）。这些挑战包括贸易保护主义、技术封锁、市场准入障碍等，这些因素严重影响了新兴经济体的经济发展和国际竞争力。因此，加强新兴经济体之间的合作，构建更加紧密的经贸联系，是化解这些不确定性、推动自身经济发展的关键举措。

为了应对这些挑战，一种新的“集体复原力”战略正在被提倡。这一战略主张脆弱的新兴国家联合起来，共同应对发达国家的打压和遏制（Cha，2023；Joshi，2024；Ye、Zhang，2024）。通过形成统一战线，新兴经济体可以更有效地应对外部压力，提升在国际经贸体系中的地位。具体而言，这种集体行动能够增加新兴经济体在国际谈判中的谈判筹码，还能够通过共享资源和经验，实现更高水平的经济合作和技术交流。无形经济的崛起也为世界经济格局的演变提供了新的动力。在当今的全球经济中，研究与发展、知识产权、数字经济及文化创意等无形资产的价值日益凸显，这些领域的快速发展不仅推动了全球经济的转型升级，也为国际合作开辟了新的路径和机遇。在这一背景下，各国可以通过加强合作，共同优化全球价值链，实现产业互补，提升全球产业链的效率（Gao、Huang，2023）。中国作为全球第二大经济体，在推动国际经贸合作方面具有独特的优势和责任。特别是在科技和创新领域，中国可以进一步加强与其他国家的合作，推动科技创新和产业升级。通过参与和主导国际科研合作项目，中国可以提升自身的科技实力，还能够为全球科技进步和经济发展做出更大的贡献。此外，通过积极参与国际经贸规则的制定和完善，中国可以为新兴经济体争取更多的发展空间和机会，从而推动全球经济的包容性增长。

总之，加强新兴经济体之间的合作，尤其是在无形经济和科技创新领域的合作，是应对全球经济不确定性的有效策略。这有助于提升新兴经济体的国际竞争力，也为全球经济的稳定和可持续发展提供了新的动力。未来，各国应继续深化合作，共同应对挑战，为构建更加公正、合理和包容的国际经济秩序而努力。

3. 推动新兴产业的发展，加快自主技术创新体系的形成

当前，全球科技革命和产业变革正处于深刻调整和加速推进阶段，新兴产业，尤其是数字经济产业和绿色产业，成为驱动经济增长的新引擎（陈宗胜，2024；张小燕，2024）。数字经济产业通过新一代信息技术的应用，如人工智能、大数据、云计算等，正在深刻改变传统产业的运行方式，提升了经济的运行效率和生产力水平。同时，绿色产业的崛起，是对环境保护的有力支持，更是实现可持续发展的重要途径。通过推动清洁能源、环保技术和低碳制造的发展，绿色产业正在逐步减少对传统高耗能、高污染产业的依赖，从而构建出更加可持续的经济结构。由此可见，数字经济、绿色经济已经成为中国甚至全球经济的新增长点。

然而，世界经济的不确定性在一定程度上抑制了产业创新水平的提升，企业的创新投入与创新产出受到严重影响（周冬华等，2023）。而在新兴产业快速发展的过程中，中国也同样面临着产业链和供应链自主可控的严峻挑战（王一鸣，2024）。许多关键核心技术仍然受制于人，尤其是在高端芯片制造、精密仪器和先进材料等领域，国外技术壁垒高筑，核心技术的缺失导致产业发展受限，严重影响了新兴产业的自主创新能力。因此，形成自主可控的技术创新体系，打破核心技术的封锁和垄断，成为推动新兴产业发展的当务之急。通过加强自主研发投入，聚集各类创新资源，激发科技创新活力，中国才能逐步掌握核心技术，实现产业链和供应链的安全可控（刘国柱，2024）。与此同时，推动新兴产业的发展，还需要完善创新生态系统，促进产学研深度融合，建立健全支持新兴产业发展的政策体系（董津津、刘家树，2024）。这要求政府、企业和科研机构紧密合作，共同推动技术突破和产业化进程，形成具有全球竞争力的自主创新体系。

第三章　经济全球化与治理研究

一、经济全球化与逆全球化

在过去的数十年里，经济全球化以其强大的推动力，大大地促进了全球经济的深度整合与蓬勃发展。然而，近年来，一股逆全球化（或称去全球化）的风潮逐渐兴起，这一现象激起了学术领域对经济全球化多维度的深入研讨。本章将系统回顾近五年来，国内外针对经济全球化和逆全球化议题的学术研究。

通过对国内外大量热门文献进行梳理，我们发现国内学者的研究焦点主要集中在经济全球化在新形势下的新动向与新特点，特别是在中美贸易摩擦和新冠疫情冲击之后所呈现出的新面貌。同时，他们也深入探讨了经济全球化的具体实施路径。相较之下，国外学者的研究视野则更偏向于关心全球性问题，如气候变化、可持续性及碳排放等议题与经济全球化的交织关系，还着重考察了经济全球化对发展中国家所产生的深远影响。鉴于此，下面将围绕上述核心议题，进行系统分类与归纳。

（一）新形势、新特征、发展趋势与中国应对

在全球经济版图的深刻嬗变之中，我们正置身于一个前所未有的历史交汇期。在这个时期，世界经济的不确定性仍在不断攀升，交织着百年未遇之大变局的壮阔图景与大国间错综复杂的战略博弈，以及地缘政治冲突的暗流涌动。这一系列复合因素，共同塑造了经济全球化进程的新面貌，其复杂性与深刻性，促使学术界展开了广泛而深入的探讨与总结。总的来说，当前经济全球化所表现出来的新形势可以从以下五个视角进行归纳。

（1）从背后价值观来看：随着 2008 年金融危机对国际经济形势的深刻调整，

全球货物贸易整体陷入停滞，目前经济全球化属于波动调整阶段，表现为贸易增长放缓、投资波动下跌等。中美关系的波动伴随着单边主义、保护主义政策频繁出现，逆全球化思潮兴起，对全球贸易发展和国际分工体系产生消极影响，对全球化进程造成了一定冲击（陈建奇，2024）。

（2）从国际格局来看：经济全球化影响的范围几乎覆盖所有经济体，没有经济体能够独善其身，各国经济相互依赖、相互嵌入的程度超出历史任何时期，形成了复杂的全球经济网络（王嘉珮、徐步，2023）。国际权力转移导致经济全球化的主导力量发生变化，新兴经济体逐渐崛起，特别是中国、印度等发展中大国，成为世界经济的重要力量，传统发达国家的影响力相对减弱。发达国家在经济全球化中的主导地位受到挑战，国际经济秩序面临重塑。但同时中国等新兴经济体对全球贸易的拉动效应也在逐渐减弱，缺乏新的增长动力（洪俊杰等，2021；Vertinsky et al.，2023）。

（3）从利益分配来看：全球化过程中利益分配并不是均衡的，部分发展中国家通过全球化获得显著增长，但最不发达国家未能跟上，发达国家和发展中国家之间仍存在较大差距。国内不同群体间的利益分配也趋于复杂，出现分化，尤其是发达国家内部白领阶层对贫富差距扩大的不满加剧。除此之外，全球贸易失衡问题日益严重，长期贸易顺差和逆差国家之间的矛盾积累，也增加了贸易摩擦的风险（黎峰，2022）。

（4）从国际规则、制度和治理体系来看：在全球化的进程中，国际规则体系未能跟上经济形势的变化，导致一些领域存在规则空白或规则冲突。市场经济体制在全球范围内的传播和融合，使得制度层面的交互活动成为经济全球化不断扩张的重要动因。各国在制度层面的博弈和互动，推动了国际贸易规则的不断调整和完善（佟家栋、鞠欣，2023a）。

（5）从经济不确定性来看：一方面是地缘政治竞争加剧，地缘经济分裂风险上升，如俄乌冲突、台海危机等事件对全球经济、产业链、供应链的稳定造成威胁；另一方面是科技竞争和数字经济的快速演变，数字经济成为推动经济全球化的新动力，为各国提供了转型升级、创新发展的机遇，同时也带来了数据跨境流动、数字鸿沟等新问题。技术封锁和关键技术突破受限成为经济全球化的重要特征，中美之间的科技竞争加剧了全球产业链的转移和调整（陈建奇，2024）。

当前经济全球化所表现出的新特征，大致可概括为以下四点：第一，国际分工进一步细化。从产业间分工到产业内分工，再到产品内分工，国际分工的细化使得生产链条跨越国界，形成全球生产网络（洪俊杰等，2021）。第二，全球产业链重组、全球供应链中心转移、全球价值链重塑。近年来，由于多种因素（如贸易保护主义、新冠疫情等），产业链开始回流或重新布局。产业链重组不仅涉及地理位置的转移，还涉及技术、资本和劳动力的重新配置，以及产业链各环节之间的重新整合（沈伟、陈徐安黎，2023）。随着全球产业中心的转移，供应链中心也在发生变化。传统制造业供应链中心伴随着技术革新和产业升级，逐渐从发展中国家向发达国家转移，同时数字经济供应链中心正在崛起。传统制造业中的全球价值链正在被重塑，数据成为新的关键生产要素和价值来源（吴志成，2023）。产品形态从物质产品向数字产品转变，制造业“服务化”和服务业“自动化”成为趋势。价值链重塑导致产品附加值和利润分配方式的变化，发展中国家需要提升在全球价值链中的地位（胡键，2022）。第三，技术全球化。得益于数字技术的不断革新和数字经济的快速发展，技术创新和扩散的速度加快，带来了先进技术传播、廉价商品和服务、更多就业机会等红利，技术革命成为推动经济全球化的重要力量（史丹等，2023；陈建奇，2024）。第四，制度型包容。中国通过从工具型包容向制度型包容的转型，推动市场经济制度建设，为经济全球化提供了新的制度支撑（周文和冯文韬，2021）。

关于经济全球化未来可能的发展趋势：第一，数字经济与全球化的深度融合。服务贸易、数字贸易，以及货运连通等新领域将成为未来全球化的重要增长点。数字作为生产要素将在全球范围内快速扩张，数字产业化、产业数字化，以及新技术如大数据、物联网、人工智能、区块链等将改变全球化的形态。随着数字经济的发展，数据治理和安全将成为全球经济治理的重要议题（洪俊杰等，2021）。第二，全球化的慢速发展。贸易投资的扩张速度将降低，产业链将缩短，经济相互依赖程度将降低，呈现出一种慢速化的趋势（陈伟光，2022）。第三，区域与全球合作的加强。全球经济一体化的态势将中断，取而代之的是区域化或跨区域化的竞合格局。自由贸易协定如 CPTPP、RCEP 等将推动区域经济一体化，尽管逆全球化浪潮持续泛滥，但经济全球化将朝着更加开放包容普惠平衡共赢的方向深入发展（黎峰，2022）。第四，更高标准的国际贸易规则和制度型开放。以 CPTPP、USMCA、EPA 等为代表的高标准国际贸易规则将引领未来经济全球化的发展方向。中国等发展中国家需要积极对接这些高标准规则，提升自身的开放水平和国际竞争力。制度型开放将成为未来对外开放的重要模式，通过全面深化改革和扩大开放，推动经济高质量发展（佟家栋、鞠欣，2023b）。

关于中国未来如何参与和推动经济全球化，不少文献有针对性地给出了政策建议：

（1）深化改革，推动更高水平的对外开放。继续推进高水平对外开放，对标高标准国际经贸规则，积极参与全球治理体系改革和建设，推动高质量共建“一带一路”倡议，深化与世界各国的合作。继续推进制度型开放，加快立法工作和标准建设，实现与国际高标准规则的对接，提升开放水平。完善对外开放战略布局，稳步拓展制度型开放，对接高标准国际经贸规则（蔡翠红、于大皓，2023）。

（2）加强合作，构建更加和谐的全球格局。中国等新兴市场国家和发展中国家将积极推动更加公正合理的新型经济全球化，倡导合作共赢、普惠包容的理念，缓解全球发展失衡问题。推动贸易自由化，减少贸易壁垒，推动贸易自由化，为各国企业提供更加公平、透明的市场环境。更全面地参与全球经济治理体系改革，推广中国理念，为全球治理提供更多具有影响力的中国智慧和中国方案（顾宾，2023；门洪华，2023）。

（3）推动创新，建立更加健全的经济体制。在科技领域加强自主创新和合作，突破关键技术封锁，推动产业升级，提升在全球价值链中的地位。深化产权改革，推动政府与企业关系的转型与变革，构建更加完善的市场经济体制。探索资源配置的市场化改革路径，转变经济增长的驱动模式，提高经济效率（韩永辉等，2023）。

（4）完善规则，参与更高水平的贸易协定。根据经济形势的变化，及时修订和完善国际规则体系，确保全球经济活动的有序进行。推动国际货币基金组织、世界银行、世界贸易组织等国际机构改革，提升发展中国家在全球经济治理中的代表性和话语权，使全球经济治理体系更加平衡和有效。积极对接高标准国际贸易规则，提升中国的国际竞争力和开放水平（朱旭，2023）。

（二）经济全球化与可持续发展

近几年来经济全球化中占比较多的是关于绿色可持续发展的相关内容，尤其是各国政府和学术界均对此尤为关注。

部分学者关注了全球气候变化所带来的全球经济问题。因为各国对于气候政策的决心和背后利益目的不同，所以其绿色政策的强度和方式也出现较大差异，甚至引发政策竞赛等现象。基于此，一些文献讨论了碳边境和碳定价政策的溢出效应。有研究将不同类型的政策溢出效应与不同的方法区分开来，并考虑了“搭便车”国家的收益得失（Clausing、Wolfram，2023）。碳定价通常是由一部分国家共同商议决定的，部分文献探讨了参与定价国家的社会福利和贸易成本的异质性等，并总结出碳定价的背后价值观逻辑（Ernst et al.，2023）。

也有学者梳理了关于气候法政策的内容，其中引发关注较多的是2022年美国通货膨胀削减法案（IRA），由于其包括了可能扭曲贸易的补贴和世界贸易组织规则禁止的本地内容要求，对国际贸易体系产生了严重的打击。Kleimann et al.（2023）将IRA和欧盟净零工业法案进行了梳理和对比，总结了两个法案主要的区别，并基于欧盟的视角提出了改进建议。另外有文献具体探讨了气候法政策产生的实质性效应，Ferrari Minesso、Pagliari（2021）的研究表明气候法政策在推动碳减排时需要同时配合合理的财政政策和货币政策一起才能发挥作用，以达到《巴黎协定》中减少50%排放量的目标。

部分论文考虑了生态环境的承载能力，具体为通过生态足迹指标进行量化分析。研究发现经济全球化的影响对各个国家和地区的生存环境造成的影响存在异质性，全球化程度的提升对非洲和拉丁美洲的生态足迹表现为负面影响，但对世界其他地区为正面影响（Jahanger et al.，2022；Ahmed et al.，2021）。从总体来看，经济全球化还是提升了世界生物生产力的总地域面积。另有研究发现，这种影响并不是单一的，其中还掺杂着混合效应：在缺乏与生态创新互动的情况下经济全球化可能引发生态恶化影响，但在交互作用项下则是带来生态保护影响（Ahmad、Wu，2022）。

相当多一部分的研究考察了经济全球化对碳排放的影响，且学术界在关于经济全球化是否有助于降低碳排放量，改善全球生存和发展环境这一问题上尚存在诸多争议和不同的看法。有一些文献结合现实数据，实证检验了全球化有助于改善环境质量，对碳排放有积极影响（Umar et al.，2020；Gozgor et al.，2020）；也有文献论证得出全球化与经济增长和不可再生能源等其他潜在因素一起导致了环境退化加剧，但环境退化在临界点后会随着经济增长的增加开始减少（Usman et al.，2022；Jun et al.，2021；Destek，2020）；还有研究得出全球化与碳排放并不存在显著统计相关性的结论（Saint Akadiri et al.，2020）。由于各篇论文所关注的地理区域和研究视角存在差异，所以所得结论与观点也大相径庭。这种多样性的存在，不仅极大地丰富了该领域的研究维度，而且为后续研究构建了坚实而深厚的理论基础，提供了深远的参考价值。

（三）经济全球化与发展中国家

考虑到经济全球化中存在的利益分配失衡现象，不少文献的研究视角转向了发展中国家。其中既包含“一带一路”共建国家，也有以非洲为代表的经济发展较为滞后的国家在经济全球化中的受益情况。

有一类文献提纲挈领地概括了经济全球化给全世界不同国家所带来的分化影响。基于世界贸易角度出发，探讨了近期超全球化时期的主要特征、逆全球化出现的主要成因，并考察了一些趋势、动态和关键政策的影响（Goldberg，2023）。还有论文建立了全球化与流行病传播之间的联系，以考察贸易成本、贸易产出比的变化（Antràs et al.，2023）。

共建“一带一路”倡议给发展中国家如何发展经济，尤其是推动国际贸易提供了一个参考思路和范式模板，许多研究也就此展开了深入的剖析。一部分论文阐述了共建“一带一路”倡议如何分别从国家层面、行业层面和企业层面让发展中国家从经济全球化中受益，涵盖的范围不乏良性贸易和投资的分配效应（Luo et al.，2022），GDP 的动态演变路径（Shehzad et al.，2021），环境治理（Coenen et al.，2021），全球价值链分工地位（戴翔和宋婕，2021），企业应对和发展路线（Li et al.，2022）等。这些论文结合理论和现实数据论证了共建“一带一路”倡议对经济全球化尤其是发展中国家的正面影响。

与此同时，也有一些文献关注到了经济全球化可能会对一些发展相对落后的国家造成负面影响。如经济全球化可能对减少贫困起到的作用并不突出，尤其是在全球化排名靠前的发展中国家，更多的贸易开放很难减少贫困（Pal，2024）。经济全球化也可能会加剧国家内部的收入不平等效应（Nae et al.，2024；Kim，2023）。还有文献提到当前流行的“区域化”可能导致发展中国家造成巨大的附加值损失，从而加大发达国家与发展中国家的经济差距（Zhang et al.，2022）。还有一种观点表示虽然经济全球化能在短期内对经济增长有积极影响，但是不断上升的利率和通胀压力可能会使这种影响无法长期维持下去（Liu et al.，2022）。这些论文给经济全球化提供了新的思路和证据，让政策制定者更好地观察到了经济全球化的两面性。

二、全球贸易与投资治理研究

尽管过去几十年中多边贸易体制在对世界经济的整体发展上取得了显著成就，但当前仍面临着诸多挑战与困境。学术界对于全球贸易与投资治理该何去何从进行了深入研究和广泛探讨，有从治理体系发展趋势、区域贸易协定、多边贸易体制改革等方面直接引入的，也有从全球价值链、国际合作、数字贸易、国际关税治理和全球卫生危机等相对微观视角间接切入的。

（一）全球贸易治理体系

在对全球贸易、投资治理体系有一个较为全面和准确的认识前，必须要清晰地捕获当前全球贸易治理体系的发展趋势（Murphy，2023）。根据现有文献的观点，大致概括为以下五点内容：第一，多边贸易体制失效与区域化趋势增强。多边贸易体制（如 WTO）受到美国单边主义行为的严重冲击，其稳定性和可预测性大幅下降；区域贸易协定（如“印太经济框架”、CPTPP）的重要性提升，但部分区域组织呈现排他性和歧视性趋势，加剧了全球贸易体系的碎片化（仇华飞，2022；Mavroidis、Sapir，2023；苏长和，2022）。第二，贸易政策政治化与安全化。贸易政策越来越多地受到国家安全和意识形态等非经济因素的干扰，经济议题政治化趋势明显；美国等大国将贸易政策作为实现政治和安全目标的工具，进一步削弱了多边贸易体制的权威性（Huang，2021；张晓通和陈实，2021；Alami、Taggart，2023）。第三，价值观贸易的兴起。贸易争端不再仅限于数量差异，而是上升到价值观层面，如国家安全、人权、环保、性别等成为贸易政策的新考量因素；这种趋势加剧了全球贸易体系的分化，使得贸易关系更加复杂和紧张（苏长和，2021；屠新泉，2023）。第四，新兴贸易形态的挑战。服务贸易、技术贸易和数字贸易的快速发展对传统多边贸易体制提出了新挑战，需要制定新的规则来适应这些变化；同时如何有效监管新兴贸易形态成为亟待解决的问题（裴长洪、倪江飞，2020；马涛，2023）。第五，产业政策的争议。各国对产业政策的必要性逐渐达成共识，但在如何规制产业政策方面仍存在较大分歧；WTO 在处理补贴等产业政策议题上的规则不足，导致产业政策在未来一段时间内可能处于混乱状态（屠新泉，2023）。

与此同时，针对全球贸易、投资治理体系的新特征，不少学者给出了中国的应对方案和政策建议：第一，加强多边合作与规则制定。积极参与多边贸易体制的改革和规则制定，推动建立更加公平、合理和包容的国际贸易规则体系；加强与其他国家的合作，共同应对全球性挑战，维护多边贸易体制的权威性和有效性（屠新泉、曾瑞，2022）。第二，推动区域贸易协定与自由贸易区建设。积极参与并推动区域贸易协定的谈判和签署，加强与周边国家和地区的经济联系和合作；推动自由贸易区建设，扩大市场准入和贸易便利化水平，促进区域经济一体化和全球化进程（Jongen、Scholte，2022；莫金焕，2023）。第三，应对价值观贸易的挑战。坚持自由贸易和公平贸易原则，反对将非经济因素纳入贸易政策中；加强与各国的沟通和协商，推动建立基于规则的国际贸易秩序，减少贸易摩擦和争端（屠新泉，2023）。

第四，适应新兴贸易形态的发展。加强对服务贸易、技术贸易和数字贸易等新兴贸易形态的研究和监管能力；推动制定适应数字时代的服务贸易和数字贸易规则，确保全球贸易的公平与自由（裴长洪、倪江飞，2020；马涛，2023）。第五，推动包容性增长与共同发展。关注发展中国家的利益与诉求，推动全球贸易向更加公平、可持续方向发展；加强与发展中国家的合作与援助，促进全球经济的平衡和可持续发展（WTO，2022）。第六，实施稳健的贸易政策与战略。坚持“不称王、稳市场、谋共享”的战略方针，不谋求全球霸权，而是专注于提升自身实力和国际影响力；通过成立亚洲共同体等举措，稳定市场并推动技术市场的自由贸易，有效应对外部挑战（鞠建东，2023）。

（二）全球投资治理变革

在全球投资治理领域，近年来正经历着前所未有的变革与挑战。地缘经济碎片化导致全球投资格局重塑，贸易网络瓦解，监管环境分化，以及国际供应链的深刻调整，其中“本地化”“近岸化”与“友岸化”趋势明显增强。这些变化不仅制造了障碍，也孕育了新的机遇，尤其对发展中国家而言，投资成为维系可持续发展的关键。然而，地缘政治冲突、多重危机及气候变化等不确定因素，严重打击了跨境投资者的信心，致使全球外国直接投资连续数年下降，尤以发展中国家和基础设施项目融资降幅最为显著（UNCTAD，2023；2024）。

有研究指出了当前国际投资低迷的深层次原因之一是跨国公司正经历全球布局的深度调整与转型（葛顺奇和陈江滢，2020）。部分文献分析了未来国际投资格局的变化，表示将围绕东亚、北美、西欧三大区域轴心展开，并伴随产业链区域化、缩短化、轻资产化等十大转变趋势，同时绿色、蓝色及循环经济投资成为新焦点。推动变革的关键力量包括区域性安排、全球企业最低所得税改革、数字技术革命、产业政策与投资贸易政策的引导，以及可持续发展理念下的绿色与蓝色经济潜力（詹晓宁等，2024）。

随着新兴经济体如金砖国家的崛起，其倡导的投资便利化规则正挑战传统由欧美主导的投资规则体系，多边投资条约的缔结日益复杂（陶立峰，2021）。有文献通过分析 CPTPP、RCEP 及 CAI 等协定，指出中国应完善国内投资治理，推动数字和服务投资自由化，同时引领国际投资争端解决与促进机制的创新（张娟，2022）。此外，投资便利化被视为全球投资治理的新路径（Berger et al.，2019），而面对新自由主义投资体制的紧张关系，增强制度多样性与规则统一性成为共识。Wang et al.

（2022）及伍穗龙和陈子雷（2021）的研究从投资争端解决机制切入，讨论了其演变过程与未来挑战。还有文献强调了多元化解决渠道，包括前置协商、调解等替代性争端解决方式（靳也，2021）。

（三）多边贸易体制改革

WTO 作为全球贸易治理的核心机构，其改革动向一直都是关注的焦点和重点。部分文献讨论了 WTO 组织对全球贸易与投资产生的溢出效应（Hoekman et al.，2023a；Jones，2023）。

更多文献的议题则是关于美国政府在 WTO 中的角色扮演，文献提到从特朗普时期的单边主义和霸权主义，到拜登政府名义上的多边主义回归，实则通过“共同价值观国家”小圈子策略，持续对 WTO 体制施加影响，试图以遏制中国为中心重塑多边贸易规则（高疆，2022；Reinsch，2021）。美国的行为和策略反映了将全球贸易意识形态化的倾向，意图分裂 WTO 并推行其小圈子规则，以维护特定国家的贸易主导地位（何伟文，2021）。

针对 WTO 上诉程序当前所面临的困境，有关争端解决机制的探讨也是热点之一，大量文献聚焦于此（Pauwelyn，2023；Van Damme，2023）。其中，有学者从市场失灵和治理失灵两个维度深刻剖析了 WTO 改革的必要性与方向（李计广和郑育礼，2022），有研究进一步验证了 WTO 争端解决机制的贸易促进效应（李计广等，2023），也有研究考察了 WTO 上诉机制受阻对发展中国家产生的限制（Hopewell，2024）。除此之外，还有文献从多边贸易谈判模式的局限性出发，指出多哈回合谈判的失败根源是协商一致原则导致的效率低下（Hughes，2023）。不仅探讨了诸边谈判及开放式诸边协定在 WTO 体系中的合法性，还提出了通过修正《WTO 协定》来明确其法律地位的建议，并研究了诸边谈判成果如何有效融入 WTO 法律体系，为 WTO 改革提供了新的思路与方向（张军旗，2024）。对此，有研究提出了可在现行 WTO 争端解决机制上采取折中的方式，通过构建“认可并尊重可不选用上诉程序”的机制性安排来推动 WTO 恢复到正常的运作轨道上（纪文华，2023）。当然也有文献讨论了关于贸易政策审查制度进一步可改进的空间和方向（Reigado et al.，2023）。

（四）全球数字贸易治理

当前，全球国际贸易规则正步入以数字贸易为核心的第三代规则体系，伴随着全球化和数字化的双重浪潮，全球数字治理应运而生，聚焦于数字技术创新与应用的国际合作，旨在促进经济利益并应对转型挑战（Chor et al.，2021；Elsig、Klotz，2021）。近年来，关于数字贸易治理的讨论越发深入，其核心主要构建完善的数字贸易规则框架（马述忠、沈雨婷，2023）。

有学者概括了数字贸易规则的范围，提到完整的数字贸易规则应涵盖数据技术、跨境流动、市场准入与利益分配等四大维度（沈玉良等，2022）。还有学者概括了全球数字贸易治理的四大特征：多极格局、升级演进、复合面向与地缘博弈，并强调区域贸易协定仍是规则基础，多平台、多主体治理模式正逐步形成（周念利，2024）。此外，部分文献创新性地提出了“新型数字经贸协定”的概念，对主要特征、关键问题和政策立场进行了详细讨论（梁国勇，2023）。

部分学者总结了当前数字贸易规则的主要派系，厘清了不同派系间的主要区别和背后意图。通过梳理全球数字自贸协定网络，阐述了“美式”“欧式”“中式”及“南太平洋”数字贸易规则模板在理念、内容、特点和目的上的差异，揭示了国际间数字贸易规则制定的多元竞争格局。提到美欧通过推出协议模板力图主导规则制定，强调规则的强制性与约束力；而中国则积极参与多边谈判，推动构建公平合理的数字贸易国际规则体系。并且重点强调了跨境数据流动、隐私保护、市场准入等问题未来将成为数字贸易规则制定的关键难点（盛斌和陈丽雪 2023；梁国勇，2023）。

另一个涉及的方面是关于全球数字治理的理论框架、价值目标与治理工具。部分学者强调了数据治理的核心地位，并指出因全球数字价值链各环节的差异性，需采用多样化的治理策略（胡键，2024）。更加直观的研究提到了数字平台治理转型，提出了一个综合框架分析全球公域、权力结构及治理体制对新治理模式特征的影响，揭示了全球数字治理问题异质性的深层原因（Jia、Chen，2022）。

（五）区域贸易协定

在当前全球经济格局下，多边贸易体制的局限性促使区域贸易协定（RTAs）成为推动地区经济发展的新动力及贸易投资治理的关键平台。

不少文献探讨了区域贸易协定给成员国带来的异质性影响。包括深度 RTAs 对非成员国企业出口的积极溢出效应（韩剑等，2024）；从双边制度环境、供应链韧性、长期合约的采用、国际交换不平等和高质量营商环境等视角进行分析（黄亮雄等，2023；沈国兵和沈彬朝，2024）。有学者提到，RTAs 中的竞争政策通过信号效应促进外资流入，条款深度与信号强度正相关，且影响存在异质性（杨继军、艾玮炜，2023）。

区域贸易协定加快了全球价值链的形成，加固了链条的稳定性。研究发现，RTAs 深度促进了成员国间的贸易自由化与便利化，降低了政策不确定性，优化了国际贸易与投资环境，还能重塑亚太价值链利益分配，增强缔约方合作收益（彭水军等，2024；张志明等，2024）。同时，深度 RTAs 可以提升价值链前向参与度，但受出口国制度质量影响（程惠芳、洪晨翔，2023）。有研究补充了成本机制视角，强调后向价值链嵌入的提速及简单价值链嵌入的优势（杜声浩，2021）。

还有文献专注于区域贸易协定中关于数字贸易的部分，从理论层面和实证检验上研究了 FTA 深化对数字贸易的影响（彭宇、杨碧舟，2023；杨连星等，2023）。

面对各种 RTAs 间的潜在冲突，张燕雪丹等（2024）以 RECP 与 CPTPP 为例，区分真实与虚假冲突，提出了基于国际法冲突规则、有效解释、目的—宗旨解释等多元方法应对虚假冲突，并倡导采用菜单式方法补充冲突条款、发展磋商机制，以解决真实冲突。

这些研究都为区域贸易协定进一步深化与协调提供了丰富的理论支持与实践指导。

（六）全球价值链

近三十余年间，科技革命深刻推动了全球经济一体化进程，国际分工步入全球价值链时代，显著重塑了贸易格局与规则体系（World Bank，2019），全球价值链是国际贸易与投资治理体系中不可或缺的话题之一。

大量文献结合新冠疫情冲击讨论了全球价值链的新模式、新特点。他们提到，全球价值链不仅革新了贸易统计与经济属性，更呼唤国际贸易政策与规则的根本性变革，以应对新冠疫情等不确定性挑战（钱学锋、刘钊，2022；Bacchetta et al.，2021）。在这一背景下，国际贸易政策体系经历了从产业间到产业内，再到全球价值链分工的演变，自由贸易与保护主义政策的交织循环成为历史常态。然而，在全球价值链主导的新时代，单一政策模式已显不足，需构建与之匹配的制度体系（McWilliam et al.，2020；Hoekman et al.，2023b）。

全球价值链的国际格局正在转变，由于整体发展受限，区域化特征明显，中间品贸易尤显不足，促使各国倾向于区域自贸协定以支撑本地化价值链构建（李志远、陈鸣，2023）。有研究发现全球价值链正发生显著重塑，中美德三国引领的多极化格局与地域派系特征凸显（蓝天、赵锋祥，2023）。还有文献讨论了全球价值链的抑制效应，发现全球价值链通过中间生产贸易影响区域贸易协定的经济效应，并弱化其传统贸易创造与转移作用（杨曦、杨宇舟，2022）。

面对全球价值链时代的复杂局势，国内部分文献讨论了中国在全球价值链中攀升和主动作为的路径（赵忠秀、郑休休，2024；朱丹等，2023；彭水军、吴腊梅，2022）。

（七）跨境电子商务

跨境电商作为中国出口增长中的重要部分，近几年成了学术界研究的热点领域之一。一是大量文献从跨境电商如何对企业、产业、价值链的影响和作用渠道展开讨论，内容涵盖企业供应链韧性、企业出口产品转换和质量、产业转型升级、价值链参与度等方面（刘斌、顾聪，2022；李小平等，2023；刘玉荣等，2023；Guo et al.，2024；潘彤等，2024），还有论文切入点比较新颖，探讨了跨境电商与市域协调发展的关系（马述忠等，2024）。二是关于跨境电商的影响因素研究，包括目的国进口偏好差异化、制度创新、质量认证等（Chen et al.，2022；Qiu et al.，2022；马述忠、郭继文，2022）。三是还有文献聚焦于跨境电商的福利效应上，以跨境电商综合试验区设立为政策冲击，考察其对家庭消费、工资收入和福利增进的效应与传导机制（胡浩然、宋颜群，2022；唐学朋等，2023；张洪胜等，2023）。

三、全球金融治理研究

全球金融治理是全球经济治理在国际金融领域的重要应用和代表体现之一。由于全球金融治理作为一种全球性的公共品，参与主体数量庞大且各自发展水平不尽相同，并且存在技术能力限制、政治激励匮乏等问题，所以当前的全球金融治理始终无法达成一个完全合意的结果（张礼卿，2021）。学术界对于全球金融治理提供了相当一部分观点和建议，有比较宏观的全面性分析（Underhill、Jones，2023），也有从如国际金融治理机构改革、国际货币体系改革、跨境资本流动等全球金融治理的组成部分切入进行观点阐释的。

（一）国际金融治理机构改革

国际货币基金组织和世界银行作为当前全球金融治理框架的重要组成部分，在促进全球货币稳定、经济发展等方面做出了不可替代的重大贡献。部分文献总结了国际金融治理机构的特性、改革动因和所面临的困难（谢世清、黄兆和，2022；贾平凡，2023）。其中，Carnegie、Clark（2023）从权利、联盟和机构绩效三个角度更为详细地分析了国际机构变革的决定因素。

有文献从宏观视角分析了国际金融治理机构对国际社会发挥的实质效应，如Krahnke（2023）专门研究了IMF所提供的财政援助是否真正对私人资本流动产生了催化作用，并给出了经验证据加以论证。Bomprezzi、Marchesi（2023）则细化到了IMF对企业层面的影响，并考虑了企业融资约束作为传导渠道的作用。

有部分文献关注到了国际机构的公平性，研究了这些机构在成员国陷入经济困难的关键时期时，是否能够有效促进贸易政策改革，提供财政援助等（Daoud et al.，2022）。更为详细的研究对比了世界银行、国际货币基金组织和关贸总协定对发展中国家支持程度的差异性（Irwin，2023）。还有文献讨论了国际金融治理机构之间的相互竞争和影响关系（Qian et al.，2023）。

有文献从国际投资者视角出发，考察其对IMF所组织计划的反应差异，发现了政府受欢迎程度（可信度）在其中起到的决定性作用（Shim，2022）。

还有大量文献主要集中在探讨国际组织对如自然资源政策、失业率、营商环境和贫困等各个领域所发挥的具体作用和实质性影响（Biglaiser、McGauvran，2022；Chletsos、Sintos，2023；Goes，2023；牛东芳等，2023）。

（二）国际货币体系改革

长期以来，以美元为中心的国际货币体系是全球金融治理框架的最主要特征，也是国际货币体系改革的重心。

大量文献研究了美元货币政策对全球的影响，尤其是对中国等其他新兴市场国家的经济溢出效应。文献立足于贸易融资、跨国企业、信息溢出等多个视角，进行了系统性分析（Azad、Serletis，2022；Gai、Tong，2022；Lastauskas、Nguyen，2023；苟琴等，2023；郭红玉、耿广杰，2023；郑志强等，2023）。也存在少量文献研究了中国货币政策对国际社会的溢出效应（梅冬州和张咪，2024）。

随着以美元为中心的国际货币体系存在严重缺陷的事实逐渐被清晰化，有部分学者指出了“本币国际化”的困境（陈卫东等，2023；杨明真和张发林，2024）。与此同时，人民币国际化的呼声越来越高。基于此，一部分文献讨论了人民币国际化对国际货币市场的影响（张发林等，2022；王晓芳、鲁科技，2023），表示人民币国际化可以缓解一部分美国货币政策的负向溢出效应（Xu et al.，2024；Wang et al.，2023）和降低中国企业的汇率风险（张策等，2023）。另一部分文献则讨论了人民币国际化的影响因素，包括国际竞争力等双边货币互换等（Cui et al.，2024；宋科等，2022a）。还有研究实证检验了共建“一带一路”倡议对人民币国际化的推动作用（宋科等，2022b）。在此基础上，部分文献进一步讨论了实现人民币国际化的具体路径和方法（张春等，2022；张礼卿等，2023a）。

（三）跨境资本流动

跨境资本流动一直是全球金融治理中关注的热点和重点问题之一。有学者认为当前国际资本流动的重点已从净资本流动转向了总资本流动，从而关注重心放在了全球流动性和组合投资上（欧明刚、杨佩玮，2023）。

新冠疫情对全球金融造成了巨大冲击，随之学术界关于其对全球资本流动的影响及传导机制也越发增多，比如，对新冠疫情导致整体资本流动迅速下滑的负面效应和长期影响等（Davis、Zlate，2023）。通过对三次全球跨境资本流动治理模式变迁进行梳理，总结了当前国别层面主要的跨境资本流动管理政策框架（谭小芬和李兴申，2019）。

在当前主要发达国家，尤其是美国宽松的货币政策和美联储不断加息的背景下，部分研究聚焦于当前形势下全球资本流动的特征和驱动因素，视角包括美元周期对汇率、杠杆水平，以及资本流动的影响（Obstfeld、Zhou，2022）和地缘政治冲突的影响（Feng et al.，2023），尤其是对新兴市场经济体的影响（Arteta et al.，2022；苟琴和李兴申，2023）。

其中不乏一些相对比较新颖的研究方法，王金明和王心培（2023）采用了带有随机波动率的时变多层动态因子模型，识别了跨境资本流动的全球协动与区域联动特征，并进行了量化分析。Von Luckner et al.（2023）讨论了一些新兴市场中通过比特币等加密货币用于跨境转移资本来逃避资本管制的现象。还有的研究从准备金政策分化的视角讨论了其对资本跨境流动的影响（梅冬州等，2023）。

面对跨境资本流动性的问题，不少学者考察了宏观审慎政策的有效性和必要性（Bergant er al.，2024；刘嘉伟，2023）。Cavallino、Hofmann（2022）采用了小型开放经济体的动态随机一般均衡模型（DSGE）将更加符合现实的金融摩擦假设纳入其中进行理论推导。还有部分文献也从金融摩擦的视角讨论了系统性金融风险的影响因素，尤其是国际资本流动所带来的联动效应（张礼卿等，2023b；黄新飞等，2023）。

（四）国际宏观政策协调

大量文献细化了全球金融治理的内容，从更微观的政策视角切入进行了论述，涉及各个国家的诸多宏观调控政策对全球金融的影响。

有一类文献同时探讨了多种类型的宏观调控政策的异质性影响，包括宏观审慎政策、货币政策、财政政策，还考虑了全球金融安全网对全球金融周期的影响等（虞梦微等，2023），以及新兴市场国家如何通过资本流动保证自己最小程度受到全球金融周期波动的影响（Jeanne、Sandri，2023）。该类文献分析覆盖面较广，研究视角相对更加全面和宏观。

但更多的文献偏向于更加微观的视角。大量文献从受调控政策影响主体的视角出发，讨论了国家层面的宏观汇率政策，包括对微观企业销售的影响（陈俊等，2023）、投资的影响（谭小芬等，2023）、信贷融资的影响（孟为、姜国华，2023）和对资源转移导致产业结构升级的影响（曹伟等，2023）。

Oskolkov（2023）通过模型推导了小型开放经济体的汇率政策对社会福利、消费水平、工人收入等异质性影响。还有文献提到了政府债券的流动性收益率结合经济基本面与名义汇率变动的交织关系（Engel、Wu，2023）。

一些文献讨论了影响汇率波动的因素，比如，贸易协议的达成，同时提到贸易网络结构决定了汇率的风险和全球货币的风险，且在世界贸易网络外围的国家受到的风险将会更大（Hassan et al.，2023a）。不同经济体为了维持其汇率稳定背后的价值观逻辑与政策倾向也是影响汇率波动的主要原因之一（Hassan et al.，2023b）。

还有许多文献研究了国际债券市场的影响因素，发现长期债券和外汇都会受到短期利率意外波动的影响（Greenwood et al.，2023）。汇率作为一种全球要素可以为国际股票和债券市场提供定价参考（Korsaye et al.，2023），同时债券价格也会反向影响汇率的波动，但不是唯一决定因素（Chernov、Creal，2023）。

在新一轮产业革命方兴未艾的背景下，技术性因素作用于传统金融体系，从而可能引发数字金融崛起带来的众多风险与挑战。其中，王达和高登·博德纳（2020）就提到了主权债券价格的泡沫化使全球金融市场面临由泡沫破灭可能诱发的资产减记和流动性紧缩风险。

另外一类宏观调控政策的研究方向是关于货币政策的分析，比较直观的研究是对货币政策的影响因素和传导效应进行具体剖析（刘津宇、苏治，2023）。Gürkaynak et al.（2023）用土耳其过去十年的货币政策与结果挑战了认为高利率会导致高通货膨胀的传统固定观点，对新兴经济体的货币政策制定起到了直观且重要的警示作用。董柞壮（2022）聚焦数字货币与金融安全这一视角，讨论了数字货币的去中心化特征对传统中心化金融的安全逻辑产生冲击，并针对数字货币的特征和优势给出了其发展前景和用于平衡风险与收益的治理策略。

四、全球发展治理研究

（一）全球发展治理概念

全球发展治理是指国际社会通过多边机构、国际协议和合作机制来协调和管理全球发展事务的过程。全球发展治理的目标是促进全球经济稳定增长，提高人类福祉、保护环境、维护国际和平与安全，以及推动全球治理体系的民主化和法治化。这一过程涉及多个国际组织和机构，如联合国（UN）、世界贸易组织（WTO）、国际货币基金组织（IMF）、世界银行（WB）、世界卫生组织（WHO）等，以及各国政府、非政府组织与私营部门的参与和合作。

全球发展治理涵盖了多个方面，主要包括以下八个部分：

（1）经济合作与发展：包括贸易、投资、金融稳定、债务问题、援助和国际货币体系等。

（2）可持续发展：涉及环境保护、气候变化、资源管理、可持续能源和绿色技术等。

（3）社会发展：包括教育、卫生、性别平等、减贫、社会保障和人口政策等。

（4）治理与法治：涉及国际法、国内治理、反腐败、透明度和问责制等。

（5）和平与安全：包括冲突预防、维和行动、裁军、反恐和人道主义援助等。

（6）科技与创新：包括信息通信技术、生物技术、空间技术和其他前沿科技的应用和治理。

（7）全球卫生：涉及传染病控制、疫苗研发、公共卫生体系和全球卫生安全等。

（8）移民与人口流动：包括移民政策、难民问题、人口流动管理和国际合作等。

（二）全球发展治理概念的发展

全球发展治理概念的发展是一个渐进的过程，它随着国际政治经济格局的变化和全球性挑战的出现而不断演进。全球发展治理概念的发展主要经历了以下六个关键阶段：

（1）第二次世界大战后的国际秩序建立。第二次世界大战结束后，为了防止战争的再次发生和促进经济复苏，国际社会建立了联合国、国际货币基金组织（IMF）、世界银行（WB）和关税及贸易总协定（GATT，后成为世界贸易组织WTO）等国际机构。这些机构为全球发展治理奠定了基础。

（2）“冷战”时期的南北对话。冷战期间，发展中国家（南方国家）与发达国家（北方国家）之间的对话和合作成为全球发展治理的重要组成部分。南北对话关注发展中国家的经济发展、债务问题、贸易条件和援助等议题。

（3）可持续发展理念的提出。1992 年，联合国在巴西里约热内卢召开的地球峰会上提出了可持续发展的概念，强调经济发展、社会进步和环境保护三者之间的平衡。这一理念成为全球发展治理的核心原则之一。

（4）联合国千年发展目标（MDGs）的制定。2000 年，联合国成员国共同签署了《联合国千年宣言》，制定了八大千年发展目标，旨在到 2015 年大幅减少全球贫困、饥饿、疾病、文盲和环境恶化等问题。

（5）联合国可持续发展目标（SDGs）的实施。2015 年，联合国成员国在千年发展目标到期之际，通过了 17 项可持续发展目标，这些目标涵盖了更广泛的发展议题，并设定了到 2030 年的全球发展目标。

（6）全球治理体系的扩展与深化。随着全球性挑战的不断增多，如气候变化、网络安全、移民和难民问题等，全球发展治理的概念也在不断扩展和深化。国际社会开始探索更加多元和包容的治理模式，包括多边主义、伙伴关系、多方利益相关者参与等。

全球发展治理概念的发展反映了国际社会对于如何有效应对全球性挑战、促进共同发展认识和实践的不断深化。这一过程涉及多个层面和领域的合作，需要各国政府、国际组织、私营部门、民间社会和公民个人的共同努力。

（三）全球发展治理外文文献研究

为进一步明确近年经济学领域对全球发展治理研究的趋势与热点，下面对国外研究的热点话题、内容与结论进行梳理。

1. 全球发展治理的框架与挑战

在全球发展治理的框架与挑战这一聚类中，文献呈现出对当前全球发展治理复杂性的深入分析和对未来发展方向的探讨。Gill、Germann（2021）提出，采用分布式但协调的全球数字公共领域方法来治理人工智能，是确保数字技术为联合国可持续发展目标（SDGs）服务的最佳保障。这一观点强调了技术治理的全球合作和公民中心性。

Haug、Taggart（2024）的研究指出，随着国家与非国家行为者的增多及机构复杂性的增加，全球发展治理（GDG）已经向他们所称的“GDG 2.0”转变。他们认为，在这种背景下实现问责制面临挑战，因为行为者多样性、机构多样性，并且缺乏正式的问责结构。他们探讨了“前瞻性”问责方法的潜力，如集体审议、学习和竞争，但也指出这些机制可能强化现有行为者的偏好，稀释有效的监督方法，并转移对长期议程的注意力。因此，他们主张优先考虑更有限的“回顾性”问责，重点是标准设定和监督，这可能在“GDG 2.0”环境中更可行和有效。

Taggart（2020）的文章探讨了全球治理的“间歇期”现象，指出全球发展治理也不例外。他通过分析全球有效发展合作伙伴关系来探讨当前发展领域的政治、动态和斗争。他认为，尽管“间歇期”的状态可能持续，但当前实践中存在可能的未来变革元素。

综合来看，这些文献共同揭示了全球发展治理面临的复杂性和挑战，以及在技术和机构层面上的治理需求。然而，这些研究也存在一些不足，例如，对具体治理机制的实证分析不足，以及对不同文化和区域背景下治理实践的差异性考虑不足。未来的研究可以进一步探讨如何在不同文化和区域背景下实施有效的全球发展治理机制，以及如何通过技术和政策创新来增强全球治理的包容性和有效性。

2. 国家参与与政策影响

在全球发展治理的研究领域中，国家参与与政策影响是一个关键的聚类。Haque、Ntim（2018）研究了环境政策、可持续发展框架和公司治理机制对英国上市公司环境绩效的影响。他们发现，尽管气候变化法案（CCA）和全球报告倡议（GRI）等框架鼓励企业采取碳减排措施，但这些措施并不一定转化为实际的温室气体排放减少。这表明，企业在表面上遵守环境政策和可持续发展框架，但并未实质性地改善其环境绩效。

3. 可持续发展决策与治理

在可持续发展决策与治理的聚类中，两篇文献分别从不同角度探讨了多层次治理在可持续发展中的应用。Brande et al.（2011）关注了比利时佛兰德斯地区如何通过多层次治理机制参与到联合国可持续发展委员会的决策过程中。文章提出了四种类型的路径，包括国内和国际、欧洲内部和外部，来分析佛兰德斯地区如何通过这些路径与不同层级的政府进行互动。研究发现，佛兰德斯地区主要利用了国内路径，这主要是因为比利时的宪法为其提供了机会。相比之下，国际路径的使用较少，因为通过国家层面参与更为直接，且国际路径需要更多的资源投入。这一研究强调了国内政府间互动在多层次治理中的重要性。

另一方面，Agyepong et al.（2018）则聚焦于撒哈拉以南非洲地区的公共卫生系统与公共健康治理，探讨了战略领导能力建设的需求。研究提出了在非洲背景下设计和定制泛非洲公共卫生博士项目的必要性和相关能力。这项研究强调了在特定地区背景下，针对公共卫生治理的领导能力培养的重要性。

综合来看，这两篇文献都强调了在可持续发展治理中多层次互动的重要性，但侧重点不同。Brande et al.（2011）更侧重于分析具体的政府间互动机制和路径选择，而 Agyepong et al.（2018）则关注领导能力的培养和项目设计。两篇文献都为理解可持续发展治理提供了宝贵的视角，但也存在一定的局限性。例如，Brande et al.（2011）的研究主要集中在佛兰德斯地区，其结论的普遍性可能受限；而 Agyepong et al.（2018）的研究虽然涉及多个国家，但主要关注的是公共卫生领域，对于其他领域的可持续发展治理可能不具有广泛的适用性。

未来的研究可以考虑扩大样本范围，探索不同地区和国家在可持续发展治理中的多层次互动模式，以及这些模式如何影响治理效果。同时，可以进一步研究如何在不同领域（如环境、经济、社会等）中有效地培养和应用领导能力，以推动可持续发展目标的实现。此外，研究方法上可以采用更多的定量分析，以增强研究的客观性和普遍性。

4. 城市和空间治理

在城市和空间治理的聚类中，Hein（2019）和 Ravi（2014）提供了对港口城市和“失败城市”治理问题的深入探讨。Hein（2019）通过提出“港口城市景观”的概念，探讨了港口与城市之间复杂的空间和制度关系。他指出，港口相关的货物、人员和思想的流动跨越了制度边界，形成了复杂、模糊的领域，缺乏强有力的、相互支持的治理框架、法律体系和规划指南。Hein（2019）强调，多尺度市场和全球价值链在这些空间留下了深刻的印记，而利益相关者众多，且都追求不同的目标和功能。他提出，将港口城市连接的空间和制度影响重新概念化为“公共资源”，可以为理解空间影响的形态和尺度、冲突地点和港口城市的机会提供洞察，并呼吁新的理论、方法论和尺度方法。

相比之下，Ravi（2014）则关注了全球化、新自由主义和后殖民世界中“失败城市”的现象。她将“黑暗旅游”的概念扩展到包括“失败城市”，这些城市由于基础设施的失败（治理、安全和教育）而成为暴力和极端贫困的中心，成为悲伤和持续创伤的地点。Ravi（2014）探讨了这些地点如何成为“活生生的现场”，暴露了持续的悲剧，如基础设施的崩溃、衰退的建筑和不断恶化的社会、经济和政治危机。作者进一步分析了游客如何通过“黑暗返回”的视角来理解这些创伤历史的构成，以及这如何成为对罪恶、悲伤和怀旧的危险协商。

这两篇文献虽然在研究对象和方法上有所不同，但都揭示了全球化背景下城市治理的复杂性和挑战。Hein（2019）的研究为理解港口城市的空间和制度动态提供了框架，而Ravi（2014）通过文学分析，展示了“失败城市”作为创伤现场的复杂性。然而，这两项研究都缺乏对治理干预措施的具体分析和评估，特别是在如何整合多利益相关者的参与和协调不同治理层次的策略方面。

未来的研究可以进一步探讨如何在实践中整合这些理论框架，特别是在如何通过跨学科和多尺度的方法来解决城市治理中的具体问题。此外，研究可以更多地关注治理干预的效果评估，以及如何通过创新的政策和规划方法来应对城市治理中的挑战。

（四）全球发展治理中文文献计量分析

本报告计划利用CNKI（中国知网）数据库中的学术文献作为主要检索资源，旨在筛选出具有显著学术影响力、能够准确反映研究领域动态及发展态势的论文。通过运用CiteSpace软件工具，对中文文献进行深入分析，以期获取当前全球发展治理领域的学术研究信息。基于此分析结果，本报告将更为精确与全面地把握全球发展治理领域的发展现状及其未来趋势。具体而言，本报告将以《对外经济贸易大学中文高水平期刊学科分类目录（2022年）》[①]经济学类中A类期刊、B+类期刊，以及B类期刊作为论文的筛选标准，根据“全球发展”“可持续发展”“国际发展”“多边主义”“南南合作”“南北对话”“全球贫困”“发展政策”“共建‘一带一路’”“多边主义”“开放”等关键词进行筛选。

1. 论文发表趋势

从高水平中文期刊发表的论文数量来看（见图3-1），关于全球创新治理的相关

① 包括《经济研究》《金融研究》《经济学（季刊）》《世界经济》《数量经济技术经济研究》《中国工业经济》。

议题在 1993 年后出现了明显的增长趋势，且在 1993 年后，始终维持在较高的水平。具体原因可能有以下几点：第一，国际环境发生了变化。1991 年冷战结束，这使得国际政治格局发生了重大变化。中国需要重新定位自己在全球政治经济体系中的角色，研究全球发展治理成为重要课题。20 世纪 90 年代，全球化进程加速，国际贸易、投资和技术交流大幅增加，中国需要更好地理解和应对全球化带来的机遇和挑战。第二，国内政策发生了调整。1992 年邓小平南方谈话进一步推动了改革开放的深化，中国更加积极地融入全球经济体系，需要对全球发展治理进行深入研究。1992 年中国共产党第十四次全国代表大会明确提出建立社会主义市场经济体制的目标，这要求中国更好地理解和参与全球经济治理。第三，随着对外开放的深入，中国学者与国际学术界的交流增加，引进和吸收了大量关于全球发展治理的研究成果，并在 20 世纪 90 年代，中国建立了一批专门研究国际关系、全球治理和发展的学术机构，推动了相关研究的开展。第四，20 世纪 90 年代末，中国为加入世界贸易组织（WTO）做准备，需要对全球贸易规则和治理机制进行深入研究。第五，政策制定和决策支持。中国政府在制定和调整对外政策时，需要大量的研究支持，以更好地理解和应对全球发展治理的复杂性，学术研究为政府决策提供了理论支持和政策建议，推动了相关研究的增加。

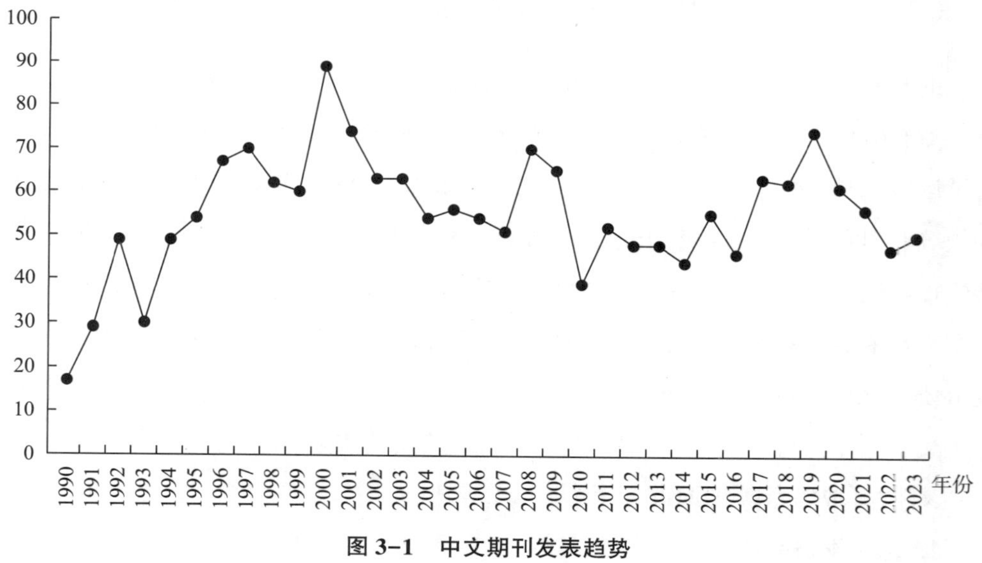

图 3-1　中文期刊发表趋势

为了更好地理解全球发展治理的学术研究动态趋势，下面对中国参与全球创新治理的主要事件及影响进行了梳理（见表 3-1）。

表 3-1　中国参与全球发展治理主要事件与影响

时间	事件	影响
1971 年	加入联合国	这标志着中国开始在国际舞台上发挥重要作用，参与全球治理的起点。中国在联合国框架下参与了多项国际事务，包括维和行动、人道主义援助等
1978—1980 年	改革开放与经济特区	改革开放政策使中国逐步融入全球经济体系，经济特区的设立吸引了大量外资和技术，推动了中国经济的快速发展，也为中国参与全球经济治理奠定了基础
1991 年	加入亚太经合组织（APEC）	APEC 是中国参与区域经济合作的重要平台，推动了中国与亚太地区国家的经济合作，促进了中国经济的开放和发展
2001 年	加入世界贸易组织（WTO）	加入 WTO 使中国进一步融入全球经济体系，推动了对外贸易和投资的大幅增长，促进了中国经济的国际化和市场化
2013 年	共建“一带一路”倡议	共建“一带一路”倡议成为中国参与全球发展治理的重要平台，推动了沿线国家的经济发展和区域合作，提升了中国在全球治理中的影响力
2015 年	气候变化与可持续发展（《巴黎协定》的签署和实施）	中国在气候变化和可持续发展领域的积极参与，提升了中国在全球环境治理中的地位，推动了全球绿色发展和生态文明建设
2020 年	全球卫生治理（COVID-19 疫情）	中国在全球卫生治理中的积极参与，提升了中国在全球公共卫生领域的地位，促进了国际合作和全球抗疫行动
2021 年	提出全球发展倡议	全球发展倡议的意义不仅在于推动全球经济复苏和可持续发展，还在于提升国际合作水平，增强发展中国家的自主发展能力。通过这一倡议，中国展示了其作为负责任大国的形象，积极参与全球治理，推动构建人类命运共同体
1990 年至今	联合国维和行动（持续参与）	中国在联合国维和行动中的积极参与，提升了中国在国际和平与安全领域的地位，促进了国际和平与稳定

根据表 3-1 列出的中国参与全球发展治理的主要事件与影响，不难看出中国在全球发展治理领域一直以来的积极性与参与性，因而体现在学术研究方面，该领域始终为研究的热点与关键。

2. 关键词共现分析

下面对关键词共现进行了深入分析，具体涵盖核心关键词主题、研究热点、应用领域、研究方法与技术等多个维度。见表 3-2，“经济增长”以 52 次的出现频次位居前列，成为全球创新治理领域研究的核心与基础内容。此外，“贸易开放”“开放经济”“金融发展”“国际贸易”“全球化”等高频关键词的出现，进一步揭示了发展治理过程中，发展治理主要与经济、金融、国际贸易息息相关，这些领域亦是学者们研究创新的热点与重点。同时，部分文献还特别关注货币政策在该领域的研究。值得注意的是，根据表 3-2 中的高频关键词，并未发现明确的研究方法，这表明在全球创新治理领域的研究与论文发表中，尚未形成统一或一致的研究方法与策略。

表 3-2　中文文献高频关键词、中心性与频次

序号	关键词	频次	中心性	是否关键节点
1	经济增长	52	0. 06	是
2	货币政策	32	0. 05	是
3	贸易开放	20	0. 02	是
4	开放经济	19	0. 06	是
5	金融发展	15	0. 00	否
6	汇率制度	12	0. 03	是
7	制造业	10	0. 02	是
8	国际贸易	9	0. 01	是
9	全球化	9	0. 01	是
10	经济发展	9	0. 00	否

3. 作者与机构分析

根据表 3-3，中国社会科学院工业经济研究所、南开大学经济学院、复旦大学经济学院、清华大学经济与管理学院、中国社会科学院经济研究所、中山大学岭南学院、中央财经大学国际经济与贸易学院、武汉大学经济与管理学院、中国人民大学经济学院及中国社会科学院等主要是以财经、经济、管理等学科为强项之一的大学，在高质量期刊上的发文频次较高，表明以上高校或者研究院在创新治理领域具有较强的研究实力与学术影响力，并且在发展治理研究方面具有天然的优势与特色。同时不难看出，以上高校在该领域的研究最早开始时间主要集中在 2007 年之后，一定程度上可以反映当时的研究前沿、热点与趋势。

表 3-3　中文文献高频发文机构、发文量与中心性

序号	发文机构	发文量（篇）	中心性	最早年份
1	中国社会科学院工业经济研究所	43	0. 03	2008

续表

序号	发文机构	发文量（篇）	中心性	最早年份
2	南开大学经济学院	23	0.04	2009
3	复旦大学经济学院	21	0.04	2012
4	清华大学经济与管理学院	21	0.03	2005
5	中国社会科学院经济研究所	19	0.04	2013
6	中山大学岭南学院	19	0.01	2011
7	中央财经大学国际经济与贸易学院	17	0.02	2013
8	武汉大学经济与管理学院	16	0.00	2011
9	中国人民大学经济学院	15	0.07	2007
10	中国社会科学院	13	0.05	2009

表 3-4 是对全球创新治理相关领域的中文研究核心作者的论文发表量进行了统计。下面对这些作者 2023—2024 年关于全球发展治理领域发表在高质量期刊的论文进行分析。

孙浦阳于 2023—2024 年在高质量期刊上共计发表 2 篇全球发展治理领域的论文。2024 年在《世界经济》上发表《人民币跨境结算改革与企业出口》：基于中国 2009 年开始实施的“跨境贸易人民币结算试点”改革，从微观视角检验了人民币结算试点政策对中国企业出口的影响，并深入研究了可变汇兑成本和固定汇兑成本的影响机制（孙浦阳等，2024）；2023 年在《世界经济》发表的《贸易网络、市场可达性与企业生产率提升》，这是基于上市公司年报披露的企业间的交易数据，探讨了贸易网络对企业生产率的影响与作用机制，并讨论了市场可达性对贸易网络作用效果的影响。

陆毅等于 2024 年在《经济学（季刊）》发表的《金融泡沫、脱实向虚与经济增长——动态多部门资产泡沫的理论视角》，文中将多部门内生泡沫引入具有内生增长的动态一般均衡模型中，讨论去杠杆政策和产业政策对于抑制金融传染、稳定金融系统及促进经济增长的作用。2024 年在《中国工业经济》发表《外资进入、市场不确定性与本土企业商业信用供给》一文，以 2002 年外资管制政策调整作为准自然实验，结合双重差分法和工具变量法，从企业商业信用供给视角实证研究了外资进入带来的市场不确定性冲击对本土企业生产经营决策的影响。

表 3-4　中文研究核心作者统计

序号	核心作者	发文量（篇）	最早年份
1	孙浦阳	6	2018
2	郭克莎	6	2001
3	金碚	6	2008
4	刘伟	5	2005
5	盛斌	5	2011
6	陆毅	5	2018

4. 关键词突现分析

全球发展治理领域关键词突变（见图 3-2）包括三部分内容，且出现时间主要集中在 2009—2013 年，从一定程度上说明自 2009 年之后在全球创新领域研究中，制造业、贸易开放及经济增长成了该领域研究的热点问题，逐渐成为研究的主流趋势。这一现象主要有以下七个原因：第一，全球化进程的深化。全球化加速了各国之间的经济联系，制造业和贸易开放成为推动经济增长的关键因素。随着全球供应链的扩展和跨国公司的增多，制造业的效率和创新能力得到了显著提升。贸易开放不仅促进了商品和服务流通，还加速了技术和知识传播，从而推动了全球经济增长。第二，技术进步与数字化转型。21 世纪初，信息技术、人工智能、大数据等新兴技术的快速发展，极大地改变了制造业的生产方式和贸易模式。数字化转型使得制造业更加智能化、自动化，提高了生产效率和产品质量。同时，这些技术也促进了全球贸易的便捷性和透明度，进一步推动了贸易开放和经济增长。第三，政策导向与国际合作。各国政府和国际组织越来越重视制造业和贸易开放对经济增长的推动作用。例如，世界贸易组织（WTO）、区域贸易协定（如 TPP、RCEP）等国际合作机制的建立，旨在降低贸易壁垒，促进全球贸易自由化。此外，各国政府也通过政策支持、税收优惠等手段，鼓励制造业创新和贸易开放。第四，可持续发展与绿色经济。随着全球气候变化和环境问题的日益严重，可持续发展成为全球共识。制造业和贸易开放在推动经济增长的同时，也面临着如何实现绿色发展的挑战。因此，研究如何在制造业和贸易中融入可持续发展理念，成为全球创新领域的重要课题。这不仅有助于经济增长，还能促进全球环境的改善。第五，新兴市场的崛起。新兴市场国家（如中国、印度、巴西等）在全球经济中的地位不断提升，这些国家的制造业和贸易开放对全球经济增长的贡献日益显著。新兴市场的崛起改变了全球经济格局，也为全球创新研究提供了新的视角和数据支持。第六，全球价值链的重构。全球价值链的重构使得制造业和贸易开放成为经济增长的重要驱动力。随着全球供应链的复杂化，制造业的分工更加细化，贸易开放使得各国能够专注于自身具有比较优势的环节，从而提高整体经济效率。这种重构推动了经济增长，促进了全球经济的均衡发展。第七，创新驱动发展战略。越来越多的国家将创新驱动发展战略作为经济增长的核心动力。制造业和贸易开放作为创新的重要载体，得到了各国政府的高度重视。通过加大对制造业和贸易开放的支持力度，各国希望在全球创新竞争中占据有利地位，从而实现经济的持续增长。

Top 3 Keywords with the Strongest Citation Bursts

Keywords	Year	Strength	Begin	End	2000 — 2023年
制造业	2009	3.55	**2009**	2010	
贸易开放	2008	3.99	**2011**	2013	
经济增长	2001	4.17	**2013**	2015	

图 3–2　关键词突变

综上所述，制造业、贸易开放及经济增长成为全球创新领域研究的热点问题，并逐渐成为全球发展治理的主流趋势。这主要是因为全球化进程的深化、技术进步、政策导向、可持续发展、新兴市场的崛起、全球价值链的重构，以及创新驱动发展战略等多重因素的共同作用。这些因素不仅推动了全球经济增长，还为全球发展治理提供了新的思路和方向。

五、全球创新治理研究

（一）全球创新治理概念

全球创新治理是指国际社会通过多边合作、政策协调和制度建设来促进全球科技创新和知识共享的过程。这一概念强调在全球范围内对创新活动进行有效管理，以确保科技创新能够促进可持续发展、经济增长和社会进步。全球创新治理涉及多个层面和领域，下面重点阐述全球创新治理的核心要素。

（1）政策协调：各国政府和国际组织需要协调创新政策，以促进技术合作和知识共享，避免政策冲突和资源浪费。

（2）知识产权保护：建立合理的知识产权保护体系，鼓励创新活动，同时确保知识的广泛传播和利用，促进技术转移和普及。

（3）技术转移：促进先进技术的国际转移和扩散，特别是从发达国家向发展中国家的技术转移，以缩小技术差距。

（4）人才培养：加强全球范围内的人才培养和交流，提高科技创新的人力资源基础。

（5）国际合作：通过国际合作项目、联合研究机构和多边科技论坛等形式，加强全球科技创新的合作网络。

（6）包容性创新：鼓励和支持包括中小企业、非政府组织和民间社会在内的多元主体参与创新活动，确保创新成果惠及更广泛的社会群体。

（7）可持续发展目标：将科技创新与联合国可持续发展目标（SDGs）相结合，确保创新活动能够支持经济、社会和环境的可持续发展。

（二）全球创新治理概念的发展

全球创新治理概念的发展是一个渐进的过程，它随着国际政治经济格局的变化、科技创新的加速，以及全球性挑战的出现而不断演进。下面是这一概念发展的六个关键阶段：

（1）科技创新的全球化：20 世纪末，随着信息技术的飞速发展，科技创新活动日益全球化，跨国公司和国际合作成为科技创新的重要推动力。这一时期，国际社会开始意识到需要建立更加协调和有效的全球创新体系。

（2）多边机构的参与：联合国、世界贸易组织（WTO）、世界知识产权组织（WIPO）、经济合作与发展组织（OECD）等国际组织开始关注科技创新的全球治理问题，并在各自的框架内推动相关政策和合作机制的建立。

（3）可持续发展目标的提出：2000 年，联合国提出了千年发展目标（MDGs），其中多个目标与科技创新和知识共享相关。2015 年，联合国进一步提出了 17 项可持续发展目标（SDGs），明确将创新作为实现可持续发展的重要手段。

（4）全球创新政策的协调：各国政府和国际组织开始更加重视创新政策的国际协调，通过多边论坛、合作项目和联合研究等形式，促进技术合作和知识共享，避免政策冲突和资源浪费。

（5）包容性创新的强调：随着全球创新治理理念的深入，国际社会开始强调包容性创新的重要性，鼓励和支持包括中小企业、非政府组织和民间社会在内的多元主体参与创新活动，确保创新成果惠及更广泛的社会群体。

（6）应对全球性挑战：全球创新治理概念的发展与应对气候变化、公共卫生、贫困和不平等等全球性挑战紧密相关。国际社会认识到，科技创新是解决这些挑战的关键，因此需要建立更加有效的全球创新治理体系。

全球创新治理概念的发展反映了国际社会对于如何有效应对全球性挑战、促进共同发展的认识和实践的不断深化。这一过程涉及多个层面和领域的合作，需要各国政府、国际组织、私营部门、民间社会和公民个人的共同努力。

中国在全球创新治理中的参与是一个逐步深入的过程，中国不仅在国内推动科技创新，也在国际舞台上积极贡献其智慧和力量。中国参与全球创新治理的方案主要体现在以下八个方面：

（1）共建“一带一路”科技创新行动计划：中国提出并实施共建“一带一路”科技创新行动计划，旨在通过科技人文交流、联合实验室建设、科技园区合作和技术转移等方式，促进沿线国家的科技创新合作。

（2）国际科技合作项目：中国积极参与国际科技合作项目，如国际热核聚变实验堆（ITER）、平方公里阵列射电望远镜（SKA）等，通过这些项目推动全球科技创新和知识共享。

（3）知识产权保护和国际合作：中国加强了知识产权保护，提高了知识产权的创造、运用、保护和管理能力，同时在国际上推动建立更加公平合理的知识产权体系。

（4）全球性挑战的应对：中国在全球气候治理、公共卫生、数字经济等领域的创新治理中发挥着作用，如在新冠疫情大流行期间，中国提供了医疗援助，分享防疫经验，并支持国际疫苗合作。

（5）开放创新和国际人才交流：中国倡导开放创新，鼓励国内外企业和研究机构之间的合作，并且通过“千人计划”等项目吸引海外高层次人才回国工作，促进国际人才交流。

（6）国际组织和论坛的参与：中国积极参与联合国、世界知识产权组织（WIPO）、经济合作与发展组织（OECD）等国际组织的活动，参与制定全球创新治理的规则和标准。

（7）科技创新能力的提升：中国在国内大力投资于科技研发，建立了较为完善的科技创新体系，包括高等教育机构、科研院所、高新技术企业和创新型企业等，以提升全球创新治理中的话语权和影响力。

（8）南南科技合作：中国通过南南科技合作，支持其他发展中国家的科技创新能力建设，提供技术援助和人力资源开发，促进全球科技创新的均衡发展。

这些方案体现了中国在全球创新治理中的积极参与和贡献，旨在通过合作共赢的方式，推动构建更加公正合理的国际创新秩序，促进全球科技进步和可持续发展。

（三）全球创新治理外文文献研究

为进一步明确近年经济学领域对全球发展治理研究的趋势与热点，下面将对国外研究的热点话题、内容与结论进行梳理。

1. 全球创新治理理论与实践研究

在全球创新治理理论与实践研究中，文献呈现出多样化的视角和方法，涵盖了从高等教育到具体产业案例的广泛领域。Ossi Piironen、Tero Erkkilä（2022）探讨了排名在全球知识治理中的作用，特别是高等教育、创新和竞争力之间的关系。他们的研究揭示了排名如何影响国家在全球知识体系中的地位，以及这种地位如何反过来促进或阻碍创新。

相比之下，Jaffe、Koster（2019）则挑战了北方国家治理形式化的传统观念。通过两个荷兰治理中的非正式案例，展示了国家如何将非正式性作为一种政策创新来容忍和有意使用。这一研究强调了非正式治理在创新过程中的重要性，尤其是在灵活性和适应性被视为关键因素的背景下。

Binz、Truffer（2020）进一步探讨了全球创新系统的治理，强调了将知识置于特定情境中的重要性。他们的工作为理解创新治理提供了更广泛的框架，超越了传统的国家和市场二分法，考虑到了全球化和地方化的复杂互动。

Lee、Gereffi（2021）提出了跨部门全球价值链治理的概念，以智能手机产业为例，展示了三星、苹果、华为和谷歌等领先企业在创新和升级方面的不同策略。他们的研究揭示了平台型产业发展的新阶段，以及企业在跨部门联系中的治理策略。

综合来看，这些文献在探讨全球创新治理时，各自强调了不同的方面和维度。Ossi Piironen、Tero Erkkilä（2022）关注的是知识排名和高等教育的作用；Jaffe 和 Koster（2019）则聚焦于非正式治理的创新潜力；Binz、Truffer（2020）提供了更宏观的全球创新系统视角；Lee、Gereffi（2021）则深入具体产业案例中，探讨了跨部门价值链的治理。

尽管这些研究在各自的领域内都有显著贡献，但也存在一些不足。例如，Ossi Piironen、Tero Erkkilä（2022）的研究可能过于依赖排名数据，而忽视了其他可能影响创新的因素。Jaffe、Koster（2019）的案例研究虽然提供了有趣的见解，但其普遍性可能受到限制。Binz、Truffer（2020）的宏观视角虽然全面，但在具体政策建议方面可能不够具体。Lee、Gereffi（2021）的产业案例研究虽然很深入，但其结论是否适用于其他产业仍需进一步验证。

未来的研究可以考虑整合这些不同的视角，探索更综合的全球创新治理模型。例如，可以进一步研究非正式治理在不同文化和制度背景下的表现，或者探讨如何在全球化和地方化的互动中优化创新系统的治理。此外，跨部门和跨文化的比较研究也可能揭示出新的治理策略和模式，从而为全球创新治理提供更丰富的理论和实践基础。

2. 可持续创新与生态治理

在探讨全球创新治理的背景下，本聚类文献聚焦于可持续创新与生态治理的多个方面，涵盖海洋治理、绿色创新、智能电表转型及绿色能源转型等多个领域。这些研究不仅提供了对当前全球治理挑战的深入理解，还为未来的政策制定和学术研究提供了宝贵的见解。

Chen、Liu（2023）的研究从全球海洋治理的角度出发，探讨了科学技术和创新在全球治理中的关键作用。他们指出，全球海洋治理的复杂性不仅体现在参与者的多样性上，还体现在治理机制的多元性上。特别是在全球气候变化和新冠疫情等全球性危机的背景下，海洋治理面临着前所未有的挑战。Chen、Liu（2023）进一步强调，非国家行为体在全球海洋治理中的作用日益显著，这不仅改变了传统的治理模式，也为全球治理提供了新的视角。然而，他们的研究也揭示了全球海洋治理的碎片化和分裂性，这为未来的研究提出了如何在人类世背景下通过法治来整合和协调全球海洋治理的重大问题。

相比之下，Yin et al.（2022）的研究则聚焦于货币政策对绿色创新的影响。他们通过分析 133 个国家从 1960 年到 2018 年的数据，发现扩张性货币政策对绿色创新有显著的正向影响。然而，他们也指出，发展中国家中央银行独立性的不足和产权保护的薄弱可能会阻碍货币政策对绿色创新的传导效果。此外，严格的环境法规和良好的国家治理质量是放大货币政策对绿色创新正面效应的关键因素。这一研究为政策制定者提供了重要参考，特别是在如何通过货币政策促进绿色创新方面。

3. 跨国创新治理及其影响

在全球创新治理的背景下，跨国创新治理及其影响的研究显得尤为重要。本聚类文献从不同角度探讨了创新治理的多个方面，包括区域创新系统、数字平台的治理模式及全球财富链的治理。

Braczyk et al.（2003）从区域创新系统的角度出发，探讨了在全球化背景下，政府在区域工业发展中的作用。他们提出了一个基于进化经济学视角的理论框架，强调了企业与创新支持基础设施之间的系统互动。该研究通过全球范围内的案例分析，展示了区域创新系统在不同地理和经济环境中的应用。这一研究为理解和促进区域和工业发展提供了重要的理论基础，尤其是在全球化背景下，如何通过有效的治理机制来促进创新和经济增长。

Paredes-Frigolett、Pyka（2022）从 Schumpeterian 视角分析了数字平台的全球利益相关者资本主义模型及其对战略和创新的影响。他们指出，这种模型的可持续性依赖于一种新的治理形式，这种治理形式在扩展的数字平台创新生态系统中承担多重信托责任。这一研究强调了在数字经济时代，创新治理需要适应新的商业模式和生态系统，尤其是在平台经济的背景下，如何平衡多方利益相关者的需求和创新动力。

Seabrooke、Wigan（2017）从全球财富链的角度，探讨了这些链条的创建、维护和治理。他们提出了一个理论框架，结合了国际政治经济学、经济地理学、制度经济学和经济社会学的不同研究视角，分析了全球财富链的复杂性、监管责任和创新能力。通过区分五种不同类型的全球财富链治理，他们展示了这些链条如何与价值链相交，并提供了具体的案例分析。这一研究为理解全球财富链的动态变化和治理机制提供了重要的理论和实证支持。

综上所述，这些研究从不同角度丰富了我们对全球创新治理的理解。然而，这些研究也存在一些不足。例如，Braczyk et al.（2003）的研究虽然提供了丰富的案例分析，但缺乏对不同区域创新系统之间比较的深入分析。Paredes-Frigolett 和 Pyka（2022）的研究虽然提出了新的治理模式，但缺乏对这种模式在实际应用中的效果评估。Seabrooke、Wigan（2017）的研究虽然提供了理论框架和案例分析，但缺乏对全球财富链治理长期动态变化的深入探讨。

未来研究可以进一步探讨不同区域创新系统之间的比较分析，评估数字平台治理模式在实际应用中的效果，以及深入研究全球财富链治理的长期动态变化。此外，结合跨学科的研究方法，如结合社会学、政治学和经济学的方法，可以更全面地理解全球创新治理的复杂性。

4. 公司治理与创新绩效

在全球创新治理的背景下，公司治理与创新绩效的关系成了研究的热点。本聚类文献从不同角度探讨了公司治理对创新绩效的影响，并提出了多种治理机制和策略。

Minhas et al.（2024）研究了环境、社会和治理（ESG）整合对绿色金融投资绩效的影响。该研究强调了企业对气候变化问题的承诺与治理之间的正相关关系，并提出企业可以通过将气候变化问题纳入治理来缓解气候变化风险和机遇。这一发现与 Lin（2020）的研究相呼应，后者强调了企业在制定全球采购策略时需要综合考虑治理结构和预期结果。两者都指出了治理结构在企业战略决策中的重要性。

Li et al.（2019）探讨了市场导向、联盟治理与创新之间的关系。研究发现，合同治理在客户导向和竞争对手导向较高时会增加，且对激进创新有 U 型影响，而信任治理对激进创新和渐进创新均有正面影响。这与 Zhang（2024）的研究相呼应，后者探讨了 ESG 指标在企业治理中的应用及其对创新效果的影响。两者都强调了治理机制对创新绩效的积极作用。

综合来看，这些研究为理解公司治理与创新绩效之间的关系提供了丰富的视角和实证支持。然而，这些研究也存在一些不足。首先，大多数研究侧重于特定行业或特定治理机制的影响，缺乏跨行业和跨治理机制的综合分析。其次，尽管有研究探讨了治理机制对创新绩效的积极影响，但较少有研究深入探讨这些影响的机制和路径。

未来研究可以考虑以下方向：首先，进行跨行业和跨治理机制的综合分析，以更全面地理解公司治理对创新绩效的影响。其次，深入探讨治理机制影响创新绩效的机制和路径，特别是通过实证研究揭示这些机制的具体运作方式。最后，结合新兴技术，如人工智能和大数据，探索其在公司治理和创新绩效中的应用，以提供更具前瞻性的研究视角。

5. 地方生产系统与网络经济

在探讨全球创新治理的经济学视角中，地方生产系统与网络经济这一聚类文献提供了丰富的理论和实证分析，主要集中在工业网络、区域经济优势，以及本地生产系统的治理结构上。Grabher（1993）通过对工业网络的社会经济学分析，强调了网络作为治理结构的重要性，并探讨了企业间合作与创新的多种模式。Grabher（1993）的研究不仅批判了交易成本理论的局限性，还提出了网络知识在高科技产业中的结构化作用，这对于理解全球创新治理中的知识流动和创新网络构建具有重要意义。

Saxenian（1996）从区域经济的角度出发，探讨了区域优势如何促进本地经济的发展，特别是通过创新和灵活的劳动力市场。Saxenian（1996）的研究强调了区域作为全球经济中行动中心的重要性，并通过对光电子和娱乐媒体行业的案例研究，提出了对新区域主义基本假设的质疑，这为理解区域经济政策提供了新的框架。

Crouch et al.（2001）的研究进一步深化了对本地生产系统的理解，通过对欧洲主要经济体中专门集群的系统分析，展示了这些集群在不同国家的多样性形式。Crouch et al.（2001）指出，尽管全球化压力增加，本地生产系统并未衰落，反而通过促进隐性知识的流通，增强了其在依赖持续创新和灵活性行业中的重要性。

综合来看，这一聚类文献在探讨地方生产系统与网络经济的关系时，提供了多维度的分析视角。Grabher（1993）和 Saxenian（1996）的研究在理论构建上具有开创性，而 Crouch et al.（2001）的实证分析则提供了丰富的数据支持。然而，这些研究也存在一定的局限性，例如，对全球化和本地化动态交互作用的深入分析不足，以及对新兴经济体中本地生产系统角色的探讨较少。

未来的研究可以进一步探讨在全球化背景下，本地生产系统如何通过创新网络和区域政策实现可持续发展，特别是在新兴经济体中的应用和调整。此外，结合大数据和复杂网络分析方法，可以更精确地评估本地生产系统在不同经济环境中的表现和适应性。

（四）全球创新治理中文文献计量分析

本报告拟采用 CNKI（中国知网）数据库中的学术文献作为基础检索资源，旨在筛选出具有显著学术影响力、能够准确反映研究领域动态及发展态势的论文。通过运用 CiteSpace 软件工具，对中文文献进行深入分析，以期获取当前全球创新治理领域的学术研究信息。基于此分析结果，本报告将更为精确与全面地把握全球创新治理领域的发展现状及其未来趋势。具体而言，本报告将以《对外经济贸易大学中文高水平期刊学科分类目录（2022 年）》[①] 经济学类中 A 类期刊、B+类期刊以及 B 类期刊作为论文的筛选标准，根据“全球创新治理”“创新”“技术”“知识产权”“国际合作”“人工智能”“科技”“全球价值链”等关键词进行筛选。

1. 论文发表趋势

从高水平中文期刊发表的论文数量来看，关于全球创新治理的相关议题在 2016 年后出现了明显的增长趋势（见图 3-3）。

为进一步明确论文研究与相关政策的关系，考虑到 2012 年在党的十八大报告中明确指出：“科技创新是提高社会生产力和综合国力的战略支撑，必须摆在国家发展全局的核心位置”，标志着中国将科技创新提升到了国家战略的高度。中国在创新领域推出了一系列重要政策和事件，这不仅推动了科技创新，还对经济社会发展产

① 包括《经济研究》《金融研究》《经济学（季刊）》《世界经济》《数量经济技术经济研究》《中国工业经济》。

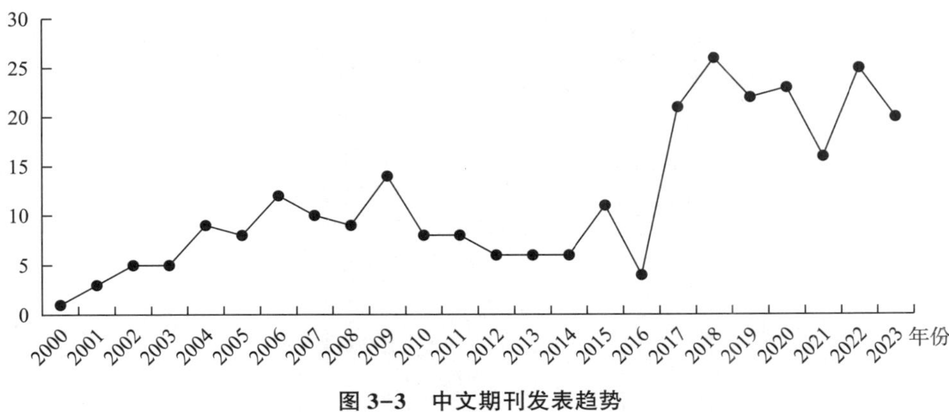

图 3-3　中文期刊发表趋势

生了深远影响。表 3-5 列出了中国在创新领域关键的政策和事件及其对应的年份和相关影响。

表 3-5　创新领域关键的政策和事件

年份	事件	政策	主要内容	影响
2012	党的十八大	科技创新战略	党的十八大报告明确指出，科技创新是提高社会生产力和综合国力的战略支撑，必须摆在国家发展全局的核心位置	这一战略的提出标志着中国将科技创新提升到了国家战略的高度，为后续一系列创新政策的出台奠定了基础
2013	全国科技创新大会	创新驱动发展战略	习近平在会上首次明确提出“创新驱动发展战略”，强调科技创新是国家发展全局的核心，必须摆在国家发展全局的核心位置	这一战略的提出推动了科技创新体系的构建和完善，促进了科技成果的转化和应用
2014	夏季达沃斯论坛	“大众创业、万众创新”	在论坛上提出“大众创业、万众创新”的号召，鼓励全社会积极参与创新创业	这一号召激发了全社会的创新创业热情，推动了创业孵化器、众创空间等创新创业平台的快速发展，促进了就业和经济增长
2015	国务院在 2015 年 5 月 19 日正式发布《中国制造 2025》规划纲要	《中国制造 2025》	提出了通过创新驱动、智能转型、强化基础、绿色发展，推动中国制造业向中高端迈进的计划	推动了制造业的智能化和高端化转型，提升了制造业的国际竞争力，促进了产业升级

续表

年份	事件	政策	主要内容	影响
2016	中共中央、国务院发布《国家创新驱动发展战略纲要》	《国家创新驱动发展战略纲要》	纲要明确了到 2020 年进入创新型国家行列，到 2030 年跻身创新型国家前列，到 2050 年建成世界科技创新强国的目标	纲要的发布为中国科技创新提供了明确的路线图和时间表，推动了科技创新体系的构建和完善，促进了科技成果的转化和应用
2016	全国科技创新大会、两院院士大会、中国科协第九次全国代表大会（简称“科技三会”）	提出“科技三会”重要讲话	习近平在会上发表重要讲话，强调科技创新在国家发展全局中的核心地位，提出要深化科技体制改革，激发创新主体活力	这次讲话进一步明确了科技创新的战略地位，为深化科技体制改革和推动科技成果转化提供了重要指导，促进了科技创新和经济社会发展的深度融合
2016	国务院办公厅发布《关于促进科技成果转化的若干规定》	《关于促进科技成果转化的若干规定》	规定旨在打通科技成果转化的“最后一公里”，提出了完善科技成果转化机制、加强知识产权保护、鼓励科技人员创新创业等措施	规定的出台促进了科技成果的转化和应用，激发了科研人员的创新积极性，推动了科技与经济的深度融合
2016	国务院办公厅发布《关于加快众创空间发展服务实体经济转型升级的指导意见》	《关于加快众创空间发展服务实体经济转型升级的指导意见》	意见旨在推动众创空间的发展，为创新创业提供良好的生态环境	意见的出台促进了众创空间的发展，为创新创业提供了良好的生态环境，推动了实体经济转型升级
2017	党的十九大	提出“建设世界科技强国”	习近平在党的十九大报告中提出要加快建设创新型国家，建设世界科技强国	这一目标的提出进一步强化了科技创新的战略地位，推动了国家创新体系的建设和完善，促进了科技创新和经济社会发展的深度融合
2017	国务院在 2017 年 7 月 8 日正式发布《新一代人工智能发展规划》	《新一代人工智能发展规划》	提出到 2030 年中国人工智能理论、技术与应用总体达到世界领先水平的目标	加速了人工智能技术的研发和应用，推动了相关产业的快速发展，提升了国家在人工智能领域的国际影响力
2018	中央经济工作会议	提出“高质量发展”	习近平在会上提出要推动高质量发展，强调创新是引领发展的第一动力	这一思想推动了经济结构的优化升级，促进了科技创新与经济发展的深度融合，推动了经济社会的高质量发展

续表

年份	事件	政策	主要内容	影响
2019	中央经济工作会议	提出“新发展理念”	习近平在会上提出要坚持新发展理念，强调创新、协调、绿色、开放、共享的发展理念	新发展理念的提出进一步明确了创新在国家发展中的核心地位，推动了经济社会的高质量发展，促进了科技创新和经济社会发展的深度融合
2020	科学家座谈会	提出“科技自立自强”	习近平在座谈会上提出要坚持科技自立自强，强调科技创新是国家发展的战略支撑	这一思想推动了关键核心技术的自主创新，增强了国家科技安全保障能力，促进了科技创新和经济社会发展的深度融合

根据表 3-5 所列出的政策事件，可以观察到自 2015 年以来，中国在创新发展方面的政策目标变得更加明确和清晰，更加强调创新领域的发展。这一趋势显著影响了学术界对创新治理领域的关注。近年来，经济学领域中频繁出现的“创新”和“人工智能”等关键词，预示着我国整体经济发展模式正在发生深刻变化。随着创新和人工智能与企业及产业融合发展的重要性日益凸显，相关政策研究的需求也急剧上升。当前，全球已进入以人工智能为主导的新一轮工业革命阶段，随着智能化过程中生产关系的转变，“创新”和“人工智能”不仅成为决定一个国家能否抢占先进制造先机的关键因素，同时也成为全球创新治理领域的热点研究内容。

2. 关键词共现分析

下面对关键词共现进行了深入分析，具体涵盖核心关键词主题、研究热点、应用领域、研究方法与技术等多个维度。根据表 3-6 的结果显示，“创新”和“人工智能”分别以 84 次和 18 次的出现频次位居前列，成为全球创新治理领域研究的核心与基础内容。此外，“技术”“知识产权”“加工贸易”“制造业”“企业规模”等高频关键词的出现，进一步揭示了创新治理过程中，创新与人工智能主要与微观企业、制造业及加工贸易紧密相关，这些领域也是学者们研究创新的热点与重点。部分文献还特别关注创新与人工智能在产业升级和知识产权方面的关联。值得注意的是，根据表 3-6 中的高频关键词，并未发现明确的研究方法，这表明在全球创新治理领域的研究与论文发表中，尚未形成统一或一致的研究方法与策略。

表 3-6　中文文献高频关键词、中心性与频次

序号	关键词	频次	中心性	是否关键节点
1	创新	84	0.7	是
2	人工智能	18	0.09	是
3	产业升级	11	0.09	是
4	技术	11	0.01	否
5	知识产权	11	0.10	是
6	加工贸易	4	0.00	否
7	制造业	4	0.04	否
8	市场势力	4	0.04	否
9	经济增长	3	0.11	是
10	企业规模	3	0.08	是

3. 作者与机构分析

如表 3-7 所示，南开大学经济学院、中国社会科学院经济研究所、中国社会科学院世界经济与政治研究所、中国社会科学院财经战略研究所、南京大学经济学院、中国人民大学经济学院、对外经济贸易大学 WTO 学院、浙江大学经济学院不少是以财经、经济、管理等学科为主的大学，在高质量期刊上的发文频次较高，表明以上高校或者研究院在创新治理领域具有较强的研究实力与学术影响力，同时在创新治理研究方面具有天然的优势与特色。同时不难看出，以上高校在该领域的研究最早开始时间主要集中在 2007—2008 年与 2014 年之后，一定程度上可以反映当时的研究前沿、热点与趋势。

表 3-7　中文文献高频发文机构、发文量与中心性

序号	发文机构	发文量（篇）	中心性	最早年份
1	南开大学经济学院	16	0.04	2014
2	中国社会科学院经济研究所	13	0.07	2007
3	南京大学经济学院	10	0.03	2007
4	中国人民大学经济学院	9	0.10	2008
5	对外经济贸易大学 WTO 研究院	9	0.04	2015
6	浙江大学经济学院	8	0.01	2007
7	中国社会科学院世界经济与政治研究所	8	0.04	2014
8	中国社会科学院财经战略研究所	7	0.01	2016

表 3-8 对全球创新治理相关领域的中文研究核心作者的论文发表量进行了统

计，可以看出，倪红福与吕越在该领域的研究开始时间集中在 2015 年与 2016 年，且具有较多的高质量期刊发文量，因而下面对这两位作者近两年在该领域的论文发表与研究情况进行总结与分析，以期对现阶段该领域研究的热点与前沿作出总结。

倪红福对该领域的研究最早开始于 2016 年，就该领域的研究排行最多。其 2023—2024 年在经济学高质量期刊共计发表 4 篇论文，发表在《世界经济》中的《国内国际经济循环、产业结构与劳动份额变动》一文，认为国内国际经济循环演变伴随产业结构的变化，影响宏观劳动收入份额，并构建了宏观劳动收入份额变动的国内国际经济循环及其因素结构分解框架，并利用 1997—2020 年全球投入产出表进行测算分析（倪红福等，2024）；在《经济学（季刊）》发表的《中国经济“双循环”的动态变迁与国际比较——引入要素权属异质性的全球价值链分解新框架》一文中，构建了纳入要素国民权属异质性的国内国际经济循环测度新框架，测度分析了 2005—2016 年各国经济的国内国际循环，并对各类循环进行因素结构分解（倪红福、田野，2023）；在《中国工业经济》发表的《生产链长度与 PPI—CPI 分化——基于全球投入产出价格模型的分析》一文通过构建全球投入产出价格模型，从理论上探讨生产链长度对 PPI 和 CPI 分化的影响大小，进一步利用实际 CPI 和 PPI 数据，实证检验了生产链长度对 CPI 和 PPI 联动性的影响程度（倪红福等，2023a）；在《数量经济技术经济研究》发表的《增值税分享再测算及其对地方财力的影响——基于投入产出表的分行业消费地原则方法》，提出了基于细化分行业消费额的消费地原则增值税分享新方法，并利用 2002—2017 年中国省级投入产出表，实证测算考察不同消费额核算方法下的税收转移、财力差异和不平衡的情况（倪红福等，2023b）。

表 3–8　中文研究核心作者统计

序号	核心作者	发文量（篇）	最早年份
1	倪红福	10	2016
2	吕越	8	2015
3	刘志彪	7	2006
4	刘维林	5	2012
5	苏丹妮	4	2020
6	刘斌	4	2015
7	严成樑	4	2009

续表

序号	核心作者	发文量（篇）	最早年份
8	邵朝对	4	2020
9	段玉婉	4	2018

2023—2024 年吕越在经济学高质量期刊上共计发表 5 篇论文。2024 年发表在《数量经济技术经济研究》上的《土地引资、激励扭曲与企业策略性创新——来自工业用地出让的经验证据》一文，构建理论模型解释了地方政府的土地引资导致企业策略性创新的激励扭曲现象，并且使用制造业企业信息和工业用地出让记录的微观匹配数据，实证检验了地方政府的土地引资模式对企业专利数量和专利质量的影响，最后还分析了土地隐性补贴的内在机制和事前事后的专利迎合行为（吕越等，2024a）。发表在《中国工业经济》上的《人工智能时代的中国产业链"延链补链"——基于制造业企业智能设备进口的微观证据》一文，基于 2000—2013 年中国工业企业数据库和中国海关数据库的微观合并数据，实证分析了工业智能设备进口对中国制造业企业生产链长度的影响及其机制（吕越等，2024b）。发表在《中国工业经济》上的《税收激励促进企业污染减排吗——来自增值税转型改革的经验证据》一文，以 2004—2009 年中国增值税转型改革为制度背景，研究了税收激励如何影响企业污染排放这一问题。本报告首先构建了一个理论模型，刻画增值税转型改革这一税收激励政策对企业污染排放的影响机制，并分解出研发创新效应、清洁生产效应和规模扩张效应三条路径（吕越等，2023a）。发表在《经济研究》上的《电商平台与制造业企业创新——兼论数字经济和实体经济深度融合的创新驱动路径》一文，构建了可用于研究参与电商平台如何影响企业创新的理论模型，并在此基础上匹配 2002—2019 年 1688 个电商平台与中国专利数据库中高度细化的微观企业数据，实证检验了参与电商平台对制造业企业创新的影响效应和内在机制（吕越等，2023b）。发表在《数量经济技术经济研究》上的《人工智能与全球价值链网络深化》一文基于 Melitz（2003）和 Bai et al.（2019），在异质性企业出口决策模型中引入人工智能，将企业出口模型拓展至企业增加值出口模型，并实证检验了人工智能发展对 GVC 网络深化的影响和内在机制（吕越等，2023c）。

该领域的核心作者中，刘志彪和刘维林两人的研究时间比较早，刘志彪在 2006 年就对该领域研究做出了一定的贡献，因此下面将对这两位作者的近两年的论文发表情况进行分析与总结。2023—2024 年刘志彪在中文高质量期刊上共计发表 1 篇论文，发表在《世界经济》上的《跨境电子商务与生产性服务业集聚》一文利用

2003—2019 年中国 284 个地级市面板数据，基于跨境电商综合试验区的准自然实验，运用双重差分法考察跨境电商对生产性服务业集聚的影响（刘志彪等，2023）。2023—2024 年刘维林在高质量期刊的发表量共计 1 篇，发表在《中国工业经济》上的《数字产业渗透、全球生产网络与非对称技术溢出》一文构建了一个包含中性技术进步和成本加成的生产网络一般均衡模型，剖析了技术进步网络传导的机理和数字产业与非数字产业技术溢出的异质性，进而利用两区制空间自回归估计方法和世界投入产出数据，实证考察了数字产业在全球生产网络中的技术进步及数字产业渗透所带来的非对称溢出效应（刘维林、程倩，2023）。

从上述前四位核心作者的论文发表情况来看，全球创新治理现阶段仍是研究的热点领域，高质量论文的论文发表研究方法近年来主要是通过实证研究的方法进行分析。

4. 关键词突变分析

下面对全球创新治理领域的关键词突变进行分析，从图 3-4 可以看出，全球创新治理的关键词突变主要分为两个阶段，首先第一个阶段的关键词为技术，时间集中在 2000—2007 年，说明在该时间段，技术的相关经济研究在全球创新治理领域得到了广泛关注与应用，学者们开始注重技术的经济影响。第二个关键词突变发生时间为 2019 年，其可能的原因主要是以下六个方面：第一，在政策支持方面。中国政府在 2017 年发布了《新一代人工智能发展规划》，明确提出了到 2030 年将中国建设成为全球主要人工智能创新中心的战略目标。这一政策为 AI 研究提供了强有力的支持和资源，吸引了大量科研机构和企业投入 AI 研究。第二，在资金投入方面。随着政府和企业的重视，大量的资金被投入 AI 研究中。政府设立了专项基金，企业也加大了研发投入，这为 AI 研究的快速发展提供了资金保障。第三，人才储备方面。中国在高等教育和科研机构中培养了大量的人工智能人才。同时，中国还吸引了全球范围内的顶尖 AI 专家和研究人员，形成了强大的人才储备。第四，市场需求方面。随着 AI 技术的不断成熟，市场对 AI 应用的需求也在不断增加。从自动驾驶到智能家居，从金融科技到医疗健康，AI 技术在各个领域的应用前景广阔，推动了相关研

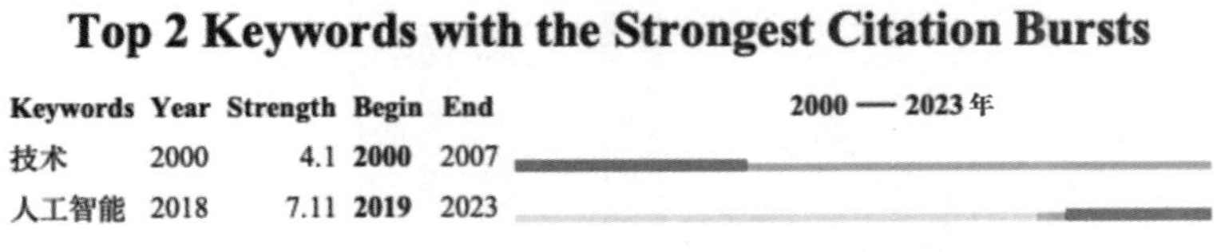

Top 2 Keywords with the Strongest Citation Bursts

Keywords	Year	Strength	Begin	End	2000 — 2023 年
技术	2000	4.1	**2000**	2007	
人工智能	2018	7.11	**2019**	2023	

图 3-4　关键词突变

究的快速发展。第五，技术突破方面。深度学习等 AI 技术的突破为 AI 研究提供了新的工具和方法。这些技术突破使得 AI 在图像识别、自然语言处理、语音识别等领域的应用取得了显著进展，进一步激发了研究热情。第六，国际竞争方面。在全球范围内，各国都在积极布局 AI 领域，中国也不例外。为了在全球 AI 竞争中占据有利地位，中国加大了对 AI 研究的投入，推动了相关研究的快速增长。

第四章 经济领域重大现实问题研究

一、全球产业链供应链价值链研究

全球化是在生产社会化、国际化程度不断提高的情况下，世界各经济体的经济活动逐渐超出一国和地区范围而紧密联系的过程，国际分工的深化是这一过程的有力支撑。以“链”为载体的产业链、供应链和价值链的演变在很大程度上反映了国际分工的变化，因此，产业链、供应链和价值链是全球化研究的题中应有之义。三链相辅相成、相互影响，各国都是全球合作链条中的一环，日益形成利益共同体、命运共同体。世界正处于百年未有之大变局，新冠疫情、地缘政治冲突以及西方发达国家推行贸易保护主义等多重因素对全球化造成了负面影响，全球产业链、供应链和价值链正在发生新的演化逻辑，呈现新的格局，蕴藏新的风险，这对中国产业链供应链的安全运行构成了威胁，对布局中国新发展格局和建设社会主义现代化强国产生了重大影响。因此，我们要科学地认识当前全球产业链、供应链和价值链的现状与演化逻辑，高度关注和深入研究其中的风险并针对性地制定应对策略。在此背景下，本报告对现有关于全球产业链、供应链和价值链的研究进行文献综述，旨在为未来全球产业链、供应链和价值链研究提供理论支持和实践指导。

（一）产业链、供应链、价值链的基本内涵与概念辨析

关于全球产业链、供应链和价值链的研究早已有之。但在实践中，三者的概念及其外延不够明晰，降低了现有研究对实践的指导作用。故下面对产业链、供应链和价值链的基本内涵，以及三者的交叉互动关系进行梳理和辨析。

1. 产业链、供应链和价值链的基本内涵

“产业链”一词可以追溯到《国富论》中关于劳动分工的论述，但当时提出的

这种基于分工形成的“产业链”仅限于企业内部，而产业链概念是在 1958 年经济学家赫希曼所著的《经济发展战略》中被正式提及，他认为生产一种产品会产生联系效应，促使上游、下游及关联行业的产生。我国是在 20 世纪 80 年代对产业链开始进行研究，并将其作为实现区域经济发展目标的重点（王刚、施新玲，2022）。虽然西方学者较早提出了产业链的概念，但早期研究并没有侧重于产业链的研究，而是转向了价值链和供应链。目前，对于中国何时最早提出“产业链”一词还存在一定的争议，有学者认为“产业链”一词是我国学者姚齐源、宋武生于 1985 年发表的《有计划商品经济的实现模式——区域市场》一文中最早提出的，也有学者认为最早提出“产业链”一词的是我国学者傅国华于 1990 年至 1993 年在立题研究海南热带农业发展课题中，受到海南热带农业发展的成功经验的启迪而提出来的（刘贵富，2007）。综合相关研究，产业链是指各个部门或者企业按照经济联系和时空布局形成的链条式关联关系。产业链条中包括与焦点企业直接关联的多个上下游企业节点，其本质是指通过经济网络和产业生态的形成和发展，寻求产业和区域竞争力的综合提升（孙慧等，2024；徐金海、夏杰长，2023）。而全球产业链是一个更为宏观的概念，既包括产品的物理制造，与产品相关的研发、设计、营销、品牌管理、分销和服务等活动，也包括产业的跨国对接和协调，大到国家的宏观经济，小到企业的微观发展，甚至区域和全球性的产业组织、产业协会等都是全球产业链涉及的主体（秦升，2024）。

20 世纪 80 年代，现代管理学之父彼得·德鲁克提出“经济链”一词，后由迈克尔·波特发展为“价值链”，最终演变为“供应链”。国内关于供应链的研究众多，沈厚才等（2000）认为供应链实际上是一种业务流程模型，它是指由原材料和零部件供应商、产品的制造商、分销商和零售商到最终客户的价值链组成，完成由顾客需求开始到提供给顾客以所需要的产品与服务的整个过程，并认为其中采购、制造、分销等部门为内部供应链，原材料供应商、制造商、销售商、最终用户为外部供应链。王金圣（2003）将供应链的概念和种类分为四个层次：一是内部供应链，局限在单个企业内部，强调企业内部市场、销售、计划、制造和采购等部门之间的协调；二是供应管理，强调企业与其供应商之间的供需关系；三是链式结构双向供应链，由原材料加工、制造、组装、配送、零售商、客户等组成的串行系统；四是网状结构供应链，是以“我”为根节点的双向树状结构所组成的网络系统，实际上已经超出了“链”的范围。王刚、施新玲（2022）认为供应链是指围绕核心企业，上下游各种供应商，以及销售商、物流服务商和最终用户组成一个功能网络。

考虑更宏观的概念，全球供应链是指跨国公司在进行全球布局的过程中所关注的原材料、零部件、设备等的流动，以及这些流动过程中的计划、协调、控制和管理。

价值链是指产品的最终价值在研发、设计、制造、销售、服务等环节的分配网络，价值链的形成是由上游向下游逐步增值的过程。价值链理论最早在产业经济学和管理学界出现，后来其概念由迈克尔·波特传播，成为管理学领域的通用术语。链条的价值是重点强调经济活动的连续性和相互关联性，在链条中的每个环节或元素都对生产过程起到了增值作用（黄亚玲、张岩贵，2007）。价值链的本质就是价值创造与价值分配活动，体现了价值在不同生产环节不断累积的过程，价值链具有明显的垂直分离和全球空间再配置特征，当价值在全球生产网络中进行创造与传递时，就构成了全球价值链（廉晓梅、吴金华，2024）。自 21 世纪开始，全球价值链成为学术界的重点研究领域，全球价值链被定义为全球范围内的生产活动，链条上的企业承担不同的生产环节，互相协作、紧密联系，形成全球性的生产网络。在全球价值链关系中，各个企业生产和服务过程环环相扣、紧密联系，并且在垂直整合的生产系统中分享隐性知识。全球价值链往往以网络形态存在，主导企业通过协调供应商和附属公司组成复杂的全球生产网络（竺波亮，2024）。

2. 产业链、供应链和价值链的概念辨析

产业链、供应链和价值链三个概念十分相近，但强调的层面不完全一样。

（1）链条的主体不同。对于产业链建设主体一般是政府机构，产业链上的大多企业只关心紧密相连的上下游配套节点，一般没有全局规划建设产业链的主观能动性，政府可以通过对企业进行财政支持推进产业链的安全发展（宋帅官和汤吉军，2024）；而供应链上的核心企业占主导地位，企业在供应链网络中所形成的与上下游的供给需求依赖关系是造成产出波动的重要原因（张鹏杨等，2024），政府一般不直接参与国内企业供应链管理，而是更多地关注国际供应链的安全与稳定；对于价值链而言，价值链上的所有企业都是积极参与价值创造的主体，特别是跨国企业，可以通过分工网络将产品生产的不同环节外包至世界各个角落，缔造连接不同国家（地区）的价值链条（李小平等，2024）。

（2）链条运行特点和强调重点不同。对于产业链而言，强调的是产业链布局与能力建设，是上下游供需关联、技术关联和价值关联的产业或企业的链条式关系（许艺煊等，2024），是实现从原材料、中间产品供给，到最终产品提供给消费者必需的所有环节在空间上布局；供应链强调的是物流，因此供应链是从物流的角度阐述自上游向下游流动的产品链条；价值链强调企业的价值创造和积累，其实质是产品的市场价值增值的整个过程。

（二）百年未有之大变局下的全球产业链、供应链与价值链

“冷战”结束后，经济全球化推动了全球链条的稳定、繁荣发展，但 2008 年全球金融危机后，传统贸易自由化开始转向单边主义和贸易保护主义，全球新冠疫情暴发及地缘政治冲突的影响，进一步推动了去全球化进程，迫使全球链条进一步重构，走向短链化、近岸化、友岸化甚至彻底本土化。因此，理解在当前百年未有之大变局下全球产业链、供应链及价值链面临的问题与应对策略尤为重要。下面对有关全球链条的前沿研究进行了系统性梳理。

1. 全球产业链的重构与韧性

（1）扰动与重构相伴相生。20 世纪 60—70 年代西欧、日本的发展改变了美国在全球产业链格局中一枝独秀的境况，20 世纪 70—80 年代中国、韩国、新加坡等国家的崛起使全球产业链持续重构（屠新泉，2023）。但国际金融危机以来，奥巴马政府、特朗普政府、拜登政府不断加码推动美国制造业回流（马海倩等，2024），同时，科技革命、中美大国竞争、新冠疫情，以及俄乌冲突给最新一轮的全球产业链重构带来了扰动和巨大影响。

目前关于全球产业链重构的研究可以分为宏观和微观两个层面。从宏观层面出发，数字技术、逆全球化、国际规则重塑，以及外部不确定性推动了全球产业链重构向数字化、绿色化、融合化的趋势发展，但同时也会出现本土化、区域化以及短链化的新趋势（杨丹辉，2022；周禛，2022；沈立和刘笑男，2022）。从微观层面出发，郭宏和郭鑫榆（2021）对后疫情时代全球汽车产业链重构趋势进行探究，研究认为新冠疫情对汽车行业的冲击更为严重，主要生产国的汽车产量均出现不同程度的负增长，后疫情时代全球汽车产业链或出现短链化、本土化、区域化的趋势，增加值分布会加速向价值链两端转移，产业链治理模式将进一步内部化演变。

（2）技术创新推动产业链转型升级。以中国为代表的发展中国家在全球经济中广泛参与，经济得到迅速发展，但美国仍在这次重构中强制推行制造业回流政策，至于全球产业链分工给各国带来的互利共赢的事实，尽管对美国的发展也有利，但其仍强行切断产业链，在科技领域进行“去中国化”的产业链重构（石建勋等，2022）。在当前全球产业链重构的现实条件下，如何促进产业链的升级受到学者的关注。

技术创新能够促进产业逐步升级（Zou，2024），而数字技术作为新一轮科技革

命的前沿技术创新，对全球产业链的转型升级发挥了重要作用。因此，学者研究了数字技术在全球产业链转型升级中的影响。新时代下数字技术的红利逐渐由消费数字化转向产业数字化，数字技术与产业的结合能够提高生产效率，改变生产方式，进而成为重塑全球产业链群生态体系的重要引擎（占晶晶和崔岩，2022）。马晓君等（2024）研究发现数字技术通过替代并协同传统技术推进产业升级，而数字服务通过优化中间环节进入再生产过程，实现跨部门的协同共享与资源整合，延长并创新产业链条，提升全产业链经济效率。吴超楠等（2024）以人工智能为代表，提出了数字技术创新链与产业链融合升级的路径。也有学者从抑制产业链升级因素的视角进行研究。常晓涵等（2023）发现，制造业关键核心技术断链、技术堵链和技术弱链阻碍产业链升级发展。

（3）全球产业链向绿色与可持续方向发展。全球产业链的深度融合和复杂的生产模式使气候相关灾害的不利影响通过产业链传播，影响链条上的国家（地区）和企业。当核心企业受到严重冲击时，冲击的传播会更加激烈（高姗姗和许彩慧，2024）。随着气候与环境问题日益突出，各国开始纷纷提出碳达峰和碳中和目标，以减缓全球碳排放，绿色产业链成为新的关注热点。绿色产业链有着丰富的内涵，是绿色、低碳和循环在产业中的体现，在理论层面，绿色产业链是指利用科技和物质投入提高生产力，在不滥用产业链中的资源下，强调循环利用和可持续发展（许彩慧、张开，2023）。

当前，许多发达国家和发展中国家都在积极建立低能耗、低污染的产业体系。产业发展向着低碳化推进，而产业链作为产业体系的载体，其绿色转型决定了产业体系的低碳化发展（张伟、游建民，2017）。产业结构低碳化能够促进产业国际竞争力的提升（Acemoglu et al.，2012），美国和欧盟纷纷出台了有利于低碳投资的政策，并对绿色技术和产业提供长期投资支持（符冠云，2024）。作为全球产业链主体的跨国公司也逐渐开始了低碳化转型。各国跨国公司的绿色转型可以创造新的技术和市场，除延长原有产业链外，还可以形成新的绿色产业链，同时跨国公司的碳中和行动能够拉动绿色投资，为产业绿色转型升级提供资金支持（王孝松、崔雨阳，2024），从而加速全球绿色产业链的布局。

（4）产业链韧性建设面临重要挑战。全球产业链的安全与稳定是世界经济研究中的高频词汇，是全球各经济体平稳发展的内在要求。但近年来影响全球产业链稳定的因素不断增加，其中，备受学者关注的一个因素是美国、日本等发达国家支持本国产业回流对全球产业链稳定带来的风险和影响。全球产业链的新动向是否会给中国的产业链带来“脱钩”和“中断”风险成为首要的研究问题。一部分学者认为当下的全球产业链变动对中国的影响不大。认为除占比不高对中国依赖程度较低的外资企业会迁移外，大部分依赖中国市场和产业链的跨国公司在短期内迁出的可能性不大，因为需要时间去寻找符合要求的替代国家与研发中心（周建军，2020）。有研究通过考察1996—2018年中国产业链对外风险敞口及其结构，发现中国供给侧和需求侧产业链对外风险敞口虽呈现出扩张趋势，但风险程度并不高（丁晓强和葛海燕，2024）。而另一部分学者认为产业链回流给中国带来了挑战。在对美国的产业政策研究中，有研究认为目前美国的产业政策具有系统化、长期化、法律化和国际化的特征，美国可以利用美元国际货币主导地位，增加债务来扩大补贴支持本国企业回流或者近岸化，但中国需要在控制债务规模的前提下实施产业政策以平衡美国带来的影响，另外，美国居于全球产业链的顶端，其产业政策会使全球经济的原有体系发生重要转变，美国产业链的变迁会影响全球产业分工的布局，导致全球资本流向特别是制造业资本回流至美国，对中国造成影响（宋国友、李雨霏，2024）。第二个影响全球产业链稳定的重要因素是全球公共卫生安全事件。新冠疫情给世界多个国家的经济带来冲击，企业复工复产的推迟，给全球产业链带来了负面影响，对于产业链上下游较长的产品，中间环节的中断或者暂停，会导致整个链条上的企业生产发生混乱，企业生产停止还会导致失业问题，同时导致国际投资萎缩与项目停滞，全球股市受挫、油价下跌（何波，2020）。后疫情时代全球产业链的纵向分工缩短，横向分工逐渐聚集化，而中国产业链存在“大而不强、全而不精”的问题，许多关键技术、零部件等设施生产链条较为脆弱（刘阳，2022），因此，新冠疫情给中国产业链的稳定和可持续发展带来了风险。

2. 全球供应链风险管理与转型升级

（1）加强韧性是提高供应链安全与稳定的内在要求。近年来，国际形势发生了深刻的调整，逆全球化思潮卷土重来，美国以自己的利益和国内法肆意凌驾于全球治理规则之上，严重破坏了国际秩序。此外，地缘政治战争的手段逐渐多样化，贸易战、金融和货币战、交通和能源控制，以及技术垄断都给全球供应链带来了“断链”风险（张兴祥、杨子越，2023），新冠疫情在全球范围内扰乱了供应链，随着政府强制封锁和严格的旅行限制，供应链中断的情况正在以惊人的速度增加（Karmaker et al.，2021）。与此同时，大国博弈也加剧了全球经济政治局势的不稳定，全球供应链合作遭遇困境和变动。主要表现在新的区域供应链合作模式正在取代旧的合作体系，以及逆全球化向国家本位主义回归导致全球供应链陷入危机（张兴祥、杨子越，2023）。为应对全球价值链变动带来的严峻挑战，世界主要经济体都在推动供应链的多样化，从而规避供应链风险，而风险管理的过程中，加强供应链的韧性是关键（庞中英，2023）。

关于加强全球供应链韧性的研究较为丰富。从制度环境视角来看，区域贸易协定深化能够促进全球供应链韧性的提升（喻春娇等，2024），此外，高标准贸易协定的签订可以改善制度环境，减少全球供应链“断链”的可能性，增强链条的韧性（沈国兵、沈彬朝，2024）。从全球治理角度出发，国际经济政治发生深刻变化，使全球价值链出现治理体系松动、治理多边合作机制弱化，以及治理评估体系缺位的问题，因此，基于人类命运共同体理念重塑全球供应链治理也是强化全球供应链韧性的重要方式（刘家国，2023）。从数字贸易角度，已有研究认为数字贸易可以打破全球贸易供应边界。通过数字技术、企业数字化转型等方式缓解全球供应链外部中断风险（刘纯霞等，2022）。从企业层面看，跨国公司为预防全球供应链风险，可以采用多元化采购的模式缓解不确定性带来的不利影响（杨继军等，2022），不仅如此，链条上的核心跨国企业还应尽快修复供应链的鲁棒性破裂，在中长期加强供应链的韧性，提升供应链的发展弹性（杨长春，2022）。

（2）供应链向智能化与数字化转型。全球正在经历新的一轮科技革命，以人工智能、大数据和云计算等为代表的数字技术正逐渐渗透到各个领域中。新冠疫情和贸易保护主义等因素导致了供应链危机，给许多企业造成了严重的全球供需中断，造成了巨大的经济损失，但一些企业充分利用互联网平台等数字技术，有效应对并迅速恢复（Gu et al.，2021），因此，供应链危机也侧面刺激了以数据要素投入和数字技术应用为特征的数字经济的发展，推动了世界经济格局重构（保建云，2022）。数字技术不断融入供应链的各个环节，从生产端贯穿到流通端再到达消费端，在创新商业模式的同时降低交易成本，突破地理时空因素对全球供应链的限制（杨继军等，2022）。

目前的研究集中在数字化对中国供应链的影响。张树山等（2021）认为供应链数字化能够显著提升企业风险承担能力，从而维护供应链的安全稳定。具体到供应链企业，陶锋等（2023）研究发现下游企业数字化转型明显促进上游企业全要素生产率增长，表明数字化转型在供应链纵向关系中存在后向溢出效应。张树山、谷城（2024）发现企业数字化转型可以通过推动供应链多元化配置和优化供需匹配两个渠道促进供应链韧性提升。邵军、杨敏（2023）提出数字经济可以提升供应链的创新能力和安全可控能力，并推动供应链向绿色低碳发展。考虑数字技术，张任之

（2022）发现数字技术可以通过提高供需匹配精度和降低外部交易成本来促进供应链效率，而这种促进效应在大中型企业、高新技术企业、制造业，以及竞争程度较强的行业中更加显著。

具体到行业，部分研究关注制造业供应链的数字化转型。王静（2022）认为我国制造业全球供应链重构和数字化转型是在疫情常态化。通过数字技术与实体经济深度融合，实现我国制造业与全球供应链双边市场有机结合；通过智慧系统的底层基础建立“供应链+生态圈”一体化全球供应链体系，实现全实体的集成化、智能化、数字化、可视化，以满足人民日益增长的美好生活需要。何茜茜等（2024）研究发现工业机器人的应用通过资本深化效应、技术创新效应、生产率效应以及企业数字化转型显著增强了制造业供应链韧性，且这种影响主要集中在一般贸易企业、非国有企业和技术密集型企业。

（3）推动绿色与低碳供应链的可持续发展。在全球供应链研究中，绿色供应链、低碳供应链等成为重要研究领域。绿色供应链属于微观层面的理念，源于20世纪90年代美国的企业管理学界，绿色供应链要求将环境因素整合到传统供应链中的产品设计、采购、制造、组装、包装、物流和分配等各个环节中，并且在传统供应链的基础上加上再制造、回收和再利用等活动流，形成一个扩展型供应链。它关注产品从设计到回收的整个生命周期的环境影响，注重事前预防而不是末端治理的解决方案（谢来辉，2023）。

在过去的几十年里，由于全球变暖和资源稀缺的挑战，各国对基于清洁能源的绿色供应链的需求在不断上升，俄乌冲突导致传统化石燃料价格提升，进一步推动了全球供应链向清洁能源转型步伐的加速（于宏源，2022）。尽管国际社会出台多个气候治理的文件，但各国之间始终存在气候治理受益方和责任方的认定纠纷，因此，中国明确碳排放的责任和形象具有重要意义，已有研究表明，中国是全球最大的碳净出口国家，在全球供应链体系中承担积极的碳排放责任。与此同时，中国的碳减排率也明显高于美国，中国以较高的碳利用率呈现出积极的碳减排形象，而发达国家则缺乏减排的动力且推诿责任（刘宏笪等，2021）。

虽然中国在积极承担碳减排的责任，但部分产业仍然减排乏力，导致中国目前仍是全球碳排放量最多的国家，如何构建和布局绿色供应链，推动供应链碳减排成为亟待解决和研究的问题。人工智能、自动化和机器人、区块链技术、云计算、数据分析、3D打印和物联网，这些都有利于改善企业的供应链绩效和行业发展（Feng et al.，2022）。在全球要求减少能耗和污染的情况下，数字化转型可以对供应链发挥至关重要的作用（Lerman et al.，2022）。部分研究从数字技术出发，认为数字技术可以通过协助识别供应链数字化运营网络、动员数字化关系网络、聚合数字化知识网络和促成数字化价值网络这四个环节来助推供应链碳减排（宋华等，2024）。但有研究发现，在绿色供应链中的零售商采纳AI技术可能会损害供应链利润和社会总福利（易超群、杨亦民，2024）。有学者进一步考察了绿色和低碳供应链的决策与激励问题，以及政府在推动供应链向绿色低碳发展中发挥的重要作用，为推动我国供应链竞争力提升提供了更多的理论支撑。目前，随着全球新能源汽车产业的发展，学者们开始对其供应链进行研究。陈晓红等（2023）对后疫情时代的新能源车产业进行研究，探讨了在制造商公平偏好和消费者偏好的共同作用下，新能源汽车产业低碳供应链的变化，并设计供应链成员成分分担契约协调机制，研究发现，生产环境的规模不经济属性会降低产品的绿色度、供应链利润等，但设计合理的成本分担契约有助于供应链的改进。

3. 全球价值链的分工与参与

（1）全球价值链参与的驱动因素。全球价值链的兴起与发展改变了传统的产品生产流程，使生产分工突破了地区与国家的限制，全球各经济体都参与到全球价值链的分工当中，形成了互相依存、紧密联系的价值链网络。随着全球化的发展，参与到全球价值链的经济体不断增加，因此，什么因素会影响全球价值链的参与的相关研究应运而生。

第一，创新与技术是推动一国深度参与全球价值链的重要引擎。数字技术作为新一轮科技革命的代表，对全球价值链参与具有关键性的影响。数字经济可以显著提升经济体参与全球价值链的稳定性（张俊荣等，2024），也能够推动全球价值链长度增加，深化全球价值链分工（杨仁发、郑媛媛，2023）。企业数字化也会对全球价值链深化具有积极影响（Gopalan et al.，2022）。有学者进一步检验了数字技术对一国参与全球价值链重构的影响。通过构建全球价值链相对位置与全球价值链双边合作度指数，发现数字技术能够推动中国参与全球价值链重构（刘洪钟和刘源丹，2023）。包含信息基础设施、融合基础设施和创新基础设施的数字新基建也会正向地促进中国参与全球价值链（何维达、付恩琦，2022）。目前数字技术中研究较为广泛的人工智能也对全球价值链有着重要影响。各国人工智能产业的发展可以推动全球价值链网络的深化，并能提高一国行业全球价值链的参与程度（吕越等，2023；刘斌、潘彤，2020），企业出口人工智能到国际市场能够促进企业向全球价值链上游攀升（赵文涛、王岚，2024）。但发展中国家若受到人工智能冲击后，会难以向全球价值链上游攀升，且原有的优势产业也会遭到不利冲击（何宇等，2021），但已有研究发现，人工智能能够显著推动中国企业参与全球价值链，因此，中国企业应抓住机遇发展人工智能产业，构筑核心竞争力，助力中国企业以高水平融入全球价值链分工体系（吕越等，2020）。

第二，制度与规则的制定是提高全球价值链参与的重要助力。全球价值链从价值链到全球商品链再演变为全球价值链的过程改变了国家之间的竞争格局和全球经济结构，国际经贸规则成为推动全球价值链高质量发展的关键。随着全球经济向区域化发展，区域贸易协定对全球价值链产生了越来越重要的影响。刘文和杨宜晨（2023）研究发现区域贸易协定深化能够促进各国之间的经济贸易合作，加强区域内的全球价值链联系。数字贸易规则也可以通过研发要素的跨境流动、推动企业数字化转型、提升管理专业化水平来提高中国企业在全球价值链的攀升（侯俊军等，2023）。研究表明质量更好的地方制度鼓励企业参与全球价值链，且全球价值链参与程度与制度质量存在正相关关系（Ge et al.，2020）。制度环境变迁可以直接提升全球价值链的参与，还可以通过区域“攀比”效应来提高企业的全球价值链参与水平（张俊娥，2022）。

（2）全球价值链参与的阻碍因素。第一，贸易壁垒是阻碍参与全球价值链的首要因素。金融危机后，发达国家经济复苏乏力及民粹主义回归，导致全球贸易保护主义兴起。美国挑起贸易摩擦对中国加征关税并要求企业回迁，严重破坏了现有全球价值链的分工格局。并且当前各国贸易监管和标准存在异质性，这种不一致性导致的非关税壁垒对贸易自由化的阻碍正在逐渐加深。钱学锋等（2024）研究发现，国家之间的监管异质性阻碍了全球价值链的后向参与，对前向参与的促进作用也仅限于中等收入国家和非制造业部分，这意味着在全球价值链时代，推进监管的一致性应是新一轮贸易自由化的重点方向。同样，在贸易规则中，原产地规则也对全球价值链中的参与具有抑制作用。吕建兴等（2024）研究发现，FTA 的原产地规则明显抑制了中国在全球价值链上的分工地位和参与度。

第二，地缘政治因素会通过影响国际贸易与投资来影响全球价值链参与。周先平等（2023）实证研究发现，一国地缘政治风险上升会降低该国在价值链上的参与。竺波亮（2024）从地缘政治竞争出发，认为目前地缘政治竞争主要体现在贸易保护政策增加、经济“武器化”以及民粹主义兴起三个方面，且地缘政治冲击对于全球经济来说是长期和持续的，这会从全球化向“去全球化”演变，并且全球价值链会出现行业分化和区块化。

第三，阻碍全球价值链参与的其他因素。融资约束会对全球价值链的参与有负面影响。刘会政、宗喆（2020）利用中国数据分析了融资约束对一国全球价值链嵌入的影响，发现融资约束对全球价值链嵌入具有显著的负面影响，且融资约束会影响中国各区域交易成本、要素结构与技术进步对全球价值链参与度和地位的作用效应。新冠疫情作为公共卫生事件给全球价值链带来了严重冲击，暴露出相互联系、相互依存的全球价值链的脆弱性（Gölgeci et al.，2023）。使跨国公司在布局全球价值链时，更加关注价值观和安全性，从而导致链条向更短、更分散、更本地化发展（宏结和钟晓欢，2020）。

（3）参与全球价值链是经济发展的重要助推力。全球价值链的扩张与延伸对国际贸易和各国经济发展都有深刻的影响，特别是给发展中国家的经济带来了增长。发展中国家参与全球价值链可以降低国内收入不平等，扩大其支持经济开放的国内社会基础，从而增加发展中国家的经济韧性（郑宇、叶子，2024）。具体到中国，参与全球价值链能促进中国经济增长（盛斌等，2022），且向全球价值链上游攀升可以提高竞争优势，从而增强经济韧性（王子睿，2024）。学者进一步研究发现，中国与其他经济体嵌入价值链的位置越远，其在贸易和投资领域的互补越强，经济周期联动程度越高（任希丽等，2023）。数字全球价值链是数字贸易在全球价值链上的体现，参与数字全球价值链可以直接增强各国的经济韧性，也可以提高创新要素配置效率，促进数字经济发展等方式间接增强经济韧性（杜直前，2023）。

（4）参与全球价值链对产业升级的不确定影响。嵌入全球价值链对产业结构升级具有重要影响，但对此研究的结论并不一致。部分学者认为参与全球价值链能够推动产业结构升级。Tian et al.（2021）认为后向全球价值链参与可以为发展中国家提供更多转型升级的机遇，它能使发展中国家进口先进的产品和技术。赵冉冉等（2023）利用中国数据研究发现，嵌入全球价值链能够推动产业结构升级，这种推动作用对东部地区更为显著。数字经济的发展进一步增强了全球价值链嵌入的产业升级效应（蒋瑛等，2021）。另一部分学者认为参与全球价值链可能阻碍产业升级。吕越等（2018）认为嵌入全球价值链会抑制企业研发创新能力的发展。当企业与发达国家的技术距离较近时，发达国家会压制发展中国家的技术升级，导致其陷入价值链的“低端锁定”。刘冬冬等（2021）发现，全球价值链嵌入位置的提高对制造业产品升级具有抑制作用。

（5）参与全球价值链对环境的影响尚不明确。当前全球气候与环境问题突出，参与全球价值链对环境的影响暂未有定论。有研究认为全球价值链嵌入能够减少对环境的负面作用。裴建锁等（2024）使用中国数据发现，企业参与全球价值链的程度上升可以有效降低企业的污染排放强度。陈书平（2024）使用中国城市数据研究发现，数字全球价值链的嵌入能够通过绿色科技创新和绿色管理创新来提高城市的碳排放绩效。也有学者认为发展中国家存在价值链门槛，当参与价值链的程度低于阈值时，技术进步会导致污染增加，否则，技术进步可以减少排放（Wang et al., 2021）。史本叶、杨馥嘉（2023）也发现，中国全球价值链参与度与企业污染排放强度呈现“倒U”型关系，但目前大多数企业的参与度还未到达拐点，因此参与全球价值链会加剧污染排放。

（三）全球产业链、供应链、价值链研究下的中国方案

在全球产业链、供应链和价值链重构的背景下，掌握链条的主导权，打造具有韧性的产供链和价值链是中国新形势下实现高质量发展的内在要求，也是构建新发展格局的迫切需要，既有文献集中从以下四个方向提出了方案策略。

1. 保证产业链与供应链的安全与稳定运行

目前，西方国家推动下的产业链回流趋势明显，国内发展压力又倒逼产业链外迁，外部不确定性和大国博弈都会对我国的产业链供应链带来风险，因此，保证我国产供链安全是必然要求。第一，美国等发达国家的产业回流，以及新冠疫情等关键性事件推动了全球产业链加速调整。曾宪奎（2022）认为，目前我国产业链安全的主要挑战是国际经济技术环境的变动，在国际分工合作体系中面临着被逐渐边缘化的风险，因此要重视产业链的动态安全性，增加必要的安全性基础，强调将产业链安全与产业国际竞争力提升相结合，在动态中增加产业的安全性。第二，利用数字经济赋能产供链的风险管理。王诗卉、谢绚丽（2022）提出产业链上下游的数字化协同可以缓解新冠疫情对经济的冲击。裘莹等（2022）也从数字经济视角出发，认为升级数字化基础设施可以为产业链安全提供技术支持，数据要素提升可以提高产业链抗风险能力，数字技术的发展可以推动产业向智能化和绿色化转型升级。另外，传统企业与数字化结合可以增强产业链的恢复能力。李晓华（2022）认为需要通过提高科技创新能力、加快数字化转型、建立全国统一大市场等方式增强产业根植性，从而提升产业链韧性。第三，要通过稳定外资和外贸来保证产供链的安全。对外贸易是我国企业参与全球供应链的主要形式，推动外贸新业态新模式的发展，鼓励企业在海外多样化布局，深化跨境贸易便利化改革的同时加强国际合作交流是提升我国供应链韧性的重要途径（陆燕，2023）。此外，已有研究认为对外直接投

资可以提高供应链的流转效率，降低跨国企业对外依赖程度，提升跨国企业对外依赖多元化程度，以及促进母国企业生产率提高来降低母国面临的全球供应链风险（蒋瑛、谢勇，2024）。

2. 数字技术助力产业链供应链升级

数字化和智能化是新一轮科技革命下产业发展的重要趋势，数字技术、数据要素，以及智能化平台都是韧性建设的重要组成部分（洪银兴、王坤沂，2024）。面对复杂多变的国际环境，要大力发展数字经济，推进数字化转型，形成数字赋能的产业链供应链升级路径，从而打造自主可控的产业链供应链。第一，加速数字化转型，实现传统产业的升级。要重视数字基础设施建设，增加数字技术研发投入，补齐关键技术短板，强化已有优势的技术供给，加快数字技术和实体经济深度融合（徐士博和章上峰，2024）。充分利用信息技术，打破传统产业链的信息壁垒，实现各环节信息共享和高效协同，加强上下游企业合作，推动突破式创新出现（余东华和黄念，2024）。第二，加快数字技术创新，培育新优势新动能。中国应加快数字技术的创新和应用，推动企业数字化转型与创新数量和质量的深度融合，实现高水平科技自强自立，重视数字化转型对生产力的促进作用，持续释放数字化转型对产业转型升级的潜力（许家云和沈含雨，2024）。第三，加快数字技术人才培养，为产业链供应链升级提供人才储备。要优化高校学科专业设置，培养不同层次的数字技术人才，完善人才引进机制，为数字化产业转型升级培育专门的人才队伍（许益亮和苟建华，2023）。

3. 推动我国产供链绿色和可持续发展

全球主要国家已经开始了全面的产业链绿色转型和绿色产业布局。在此背景下，中国也提出碳排放，争取在2030年实现碳达峰，2060年实现碳中和的“双碳”目标，其中，产业链供应链的低碳化发展成为我国实现“双碳”目标的关键。第一，创新与绿色协同发展，促进产供链绿色转型。袁朋伟等（2024）研究发现，企业的绿色技术创新具有同群效应，创新可以沿着产业链网络不断扩散，因此政府可以引导产业链上企业绿色协同创新，建立企业绿色技术创新案例库和知识共享平台，进而带动整个产业链的绿色转型。第二，发挥规则与制度优势，加快培育绿色低碳产业。洪群联（2023）认为提升产业链绿色低碳化水平首要是健全绿色低碳法律法规和制度体系，并培育一批绿色产品、绿色工厂、绿色园区和绿色供应链管理的试点企业，以提升产业链低碳化水平。在国际层面，要主动对标国际低碳产业标准、碳交易市场标准、绿色技术标准、绿色评价标准等规则，支持龙头企业主导和参与国际绿色标准制定，掌握国际竞争主动权（许彩慧、张开，2023）。第三，积极参与全球能源治理，发挥绿色领导力。中国应积极参与到全球能源治理过程中，承担自己的责任，在能源转型过程中密切关注国际市场动态，根据实际情况适时调整政策，在应对美国绿色供应链排华问题时，中国可以推动美国与发展中国家在多领域进行合作，将绿色供应链对话常态化（于宏源，2022）。

4. 在全球价值链下实现高水平对外开放战略

全球价值链从快速扩张逐渐向低速增长转变，呈现出区域化和绿色化等新趋势、新特征。在全球价值链重构的背景下，中国应扩大开放积极融入经济全球化中，加大国际合作。通过加深中国在全球价值链中的参与，加快创新链的布局，协同推进产业链的升级（张其仔、许明，2022）。第一，要建立高质量区域价值链，推进共建“一带一路”建设和发展，深化国际合作和第三方市场合作，扩大双边贸易和投资（吴迪，2023）。具体而言，就是要充分发挥中欧班列在海上丝绸之路的港航合作，推进空中丝绸之路和数字丝绸之路建设，共建“一带一路”生产网络（毛艳华等，2023）。第二，支持企业参与全球链条重构，使具有全球影响力的关键引领型产业进口替代，加强高端制造业产业创新投入，全面提升中国全球价值链水平（高凌云、臧成伟，2020）。要提升企业的自主创新能力，发挥产业政策和科技创新政策的引导作用，培育相适应的新型创新机制和主体（何宇等，2020）。第三，加强双边经贸合作，充分利用自贸试验区、自由贸易港建设，加强国际合作，推动要素的流动和配置，扩大市场开放，引进先进的技术和前沿领域人才，畅通国内国际两个市场（吴迪，2023）。

二、跨国公司数字化研究

随着信息技术的迅猛发展，数字化浪潮正在全球范围内快速蔓延，并对各行业产生了深远影响。跨国公司作为全球经济的重要参与者，面对数字化带来的机遇和挑战，正经历着运营模式和战略布局的深刻变革。数字化不仅提升了企业的运营效率，还促使其全球市场扩展策略发生了重塑。

近年来，学术界和产业界普遍关注跨国公司如何通过数字技术提升自身的竞争力。这种关注主要体现在两大方面：一是数字化对跨国公司内部治理模式的影响；二是其对企业在全球价值链中的竞争地位和战略选择的影响。数字技术的发展不仅加速了信息的全球流动，还通过降低交易成本和提升资源配置效率，使得企业的全球扩展更加灵活。正如薛军等（2024）指出，数字化转型与对外直接投资（OFDI）

之间存在“倒U”型非线性关系，即数字化初期能推动OFDI，但随着数字化水平进一步提高，OFDI动机会有所减弱。王欣等（2023）也提出，数字技术提升了企业的全球应变能力，帮助跨国公司通过数字化战略实现更高效的国际化扩展。

数字技术的应用使得企业在全球布局中展现出新的特点，尤其是在产业形态和商业模式上。越来越多的中国跨国公司通过数字技术进入全球市场，并在研发、数字服务和高科技产品出口方面取得了显著进展。研究表明，中国政府正通过鼓励创新和数字化转型来推动企业的全球扩展，这使得中国跨国公司在全球数字经济中占据了重要地位。

（一）数字型跨国公司发展现状

1. 数字型跨国公司快速发展的背景

随着数字经济发展，数字型跨国公司国际生产在过去十年是急剧扩张的。与传统行业相比，数字领域产品服务具有虚拟化、交易成本边际成本低的特征，数字型跨国公司所有权结构、内部治理方式、内部治理成本、外部交易成本发生了很大变化。同时，数字型跨国公司在全球范围内的扩展也呈现出显著的趋势。薛军等人（2024）研究指出，数字化转型与对外直接投资之间存在“倒U”型非线性关系，这意味着企业在数字化转型初期，通过提升创新能力和降低交易成本，促进了对外直接投资。然而，随着数字化水平的进一步提高，企业对外直接投资的动机反而减弱，因为数字技术的应用使得企业无需通过大量海外投资即可实现全球市场扩展。企业的数字化转型通过提升感知能力、重构能力和资源获取能力，帮助企业更灵活地应对国际市场的快速变化，从而促进其国际化进程（王欣等，2023年）。

近年来，越来越多的中国企业通过数字化技术在全球范围内拓展其业务。正如刘小迪（2024）所指出的，数字化转型已成为中国企业对外直接投资的重要驱动力。中国的跨国公司也在全球市场上取得了显著进展，尤其是在创新和数字经济领域。Kazakova et al.（2022）指出，中国政府正在积极推动从“工业国”向“创新国”的转变，通过创造良好的经济环境，支持跨国公司在国内外的活动。文章还强调了中国跨国公司在研发、数字服务和高科技产品出口中的关键作用（Kazakova et al.，2022）。

（1）FDI和国际投资方式与传统跨国公司的不同。随着全球供应链格局的重塑，跨国公司在中国的投资策略也在发生变化。根据商务部国际贸易经济合作研究院课题组（2022）的研究，中国的市场规模、科技创新能力，以及供应链配套能力使其仍然是全球跨国公司的重要投资目的地。特别是跨国公司通过加快供应链的数字化转型和承担绿色低碳责任，进一步优化了其在中国的业务布局。

有文章还探讨了数字企业如何利用数字技术参与全球竞争，通过在东道国的市场扩展和平台整合实现技术创新和业务模式升级。正如王晶晶（2023）所述，数字企业通过对外直接投资，能够利用数字技术提升自身的市场竞争力，特别是在参与东道国的数字平台并推动业务模式升级方面，取得了显著的创新成果。

康茂楠等（2024）研究发现，制造业数字服务投入对企业的对外直接投资（OFDI）决策与规模产生了显著的促进效应，这为数字型跨国公司在全球扩张中的投资趋势提供了新的支持。

（2）轻资产特征与国际足迹的变化。一些文献讨论了数字型跨国公司如何依托数字技术进行全球扩展，并通过跨国并购和轻型资产模式加速国际化发展。正如赵雅玲等（2023）所述，数字型跨国公司通过轻型资产和跨国并购实现了快速扩张。它们的核心特征包括低资产高收入、资产的高流动性，以及海外扩张的集中化和并购驱动型增长。

2. 全球 FDI 趋势中的数字型跨国公司

（1）新冠疫情对全球 FDI 的影响与数字型跨国公司的逆势增长。李辉、吴晓云（2023）的研究表明，新冠疫情期间中国跨国公司通过利用数字技术和关系型战略相结合，克服了国际市场的不确定性，实现了对外直接投资的稳步增长。这一趋势反映了数字型跨国公司在全球 FDI 中的突出表现。

（2）数字型跨国公司绿地投资的强劲增长。在讨论全球 FDI 趋势中的数字型跨国公司时，有文献探讨了数字化对附加值率的提升，并提到了数字技术对企业出口和全球投资的促进作用。如张宏等（2024）指出，数字化技术显著提升了制造业企业的出口附加值率，促进了企业在全球价值链中的升级。这一趋势同样反映在数字型跨国公司的全球扩展策略中，特别是新冠疫情期间数字化转型加速了绿地投资的增长。

刘泽园、郜志雄（2024）指出，数字跨国公司在过去二十多年中通过跨境并购在全球市场中迅速扩展，特别是在北美、西欧，以及远东和中亚等区域。跨境并购主要集中于服务业和高端制造业，推动了数字经济的全球一体化。

李潇等（2023）指出，伴随世界范围内新冠疫情得到有效控制与能源价格一路飙升，全球 FDI 逐步回暖。尽管巨型数字企业减少了绿地投资的项目数量，但投资价值和规模却稳中有升，在海外 R&D 与数据中心上的投资表现依旧十分活跃。数字型跨国公司 FDI 从“爆发”过渡到“平稳”的发展阶段，开始了由“量”到“质”的转变。

（二）数字型跨国公司相关研究进展

1. 理论研究

（1）跨国公司理论的演变：从传统跨国公司理论到数字时代跨国公司理论。李潇、韩剑（2023）进一步阐述了数字型跨国公司在国际投资中的所有权优势、内部化优势和区位选择的新时代内涵，指出这些企业通过数字平台和技术实现了全球业务的轻资产化和非股权化投资。

（2）投资动机研究：数字型跨国公司的国际投资动机、技术寻求动机与全球运营网络的作用。现有研究详细探讨了东道国的数字经济发展如何影响中国企业的对外直接投资（OFDI）决策，特别是从本地成本和额外成本的角度分析了东道国数字经济发展对吸引跨国公司投资的机制。数字经济的发展在当今全球化背景下对企业的对外直接投资决策产生了显著影响。正如张俊彦等（2023）指出，东道国发达的数字经济不仅提升了资本回报率，还通过降低外来者劣势，增强了对中国跨国公司投资的吸引力。这表明，数字经济可以帮助企业降低信息搜索和文化适应的成本，从而进一步促进企业的国际化进程。王晶晶（2023）的研究也表明，数字企业对外直接投资能够显著促进企业的创新能力，尤其是在节约交易成本、扩大市场规模和推动数字化升级方面发挥了关键作用。

（3）竞争优势研究。随着数字经济与实体经济的深度融合，数字化已成为企业在全球化进程中的新优势。韩卫辉等（2024）的研究表明，数字化优势能够显著提高企业对外直接投资的可能性、投资广度和深度，解释力度高达企业对外直接投资传统优势研发密度的 53.8%。同时，数字化通过提升全要素生产率和降低海外经营成本，帮助企业在国际市场中获得更强的竞争力。这为跨国公司数字化发展及其在国际投资中的应用提供了重要的理论和实践参考。

王欣等（2023）指出，企业数字化转型通过提高感知市场变化的能力、资源重构能力和全球资源获取能力，极大地促进了企业的国际化扩展。

刘小迪（2024）指出，数字化转型通过提升企业的竞争力，增强了其所有权优势，使企业能够更好地在全球市场中立足，并通过新兴技术提高生产效率。

有效的领导力成为跨国公司获取竞争优势的重要因素。Croitoru et al.（2023）研究表明，数字化技术对跨国公司内部的领导力模式和组织效率产生了深远影响。数字化领导力不仅改变了传统的管理方法，还引发了对员工技能、认知能力及工作模式的重构，从而提升了企业的市场竞争力和组织效能。

高疆、盛斌（2024）在讨论数字型跨国公司如何依赖跨境数据流动进行全球运营时对跨境数据流动与数字贸易之间的关系进行了阐述，特别是它对贸易效率和成本的影响。跨境数据流动已经成为推动数字贸易的新型比较优势，它通过降低贸易成本、提高贸易效率等方式，全面重塑了国际贸易格局。这对数字型跨国公司全球运营产生了深远影响。

战略敏捷性在数字时代跨国公司中的作用越来越受到重视，特别是在应对快速变化的全球市场环境时。Christofi et al.（2023）通过实证研究发现，战略敏捷性要求跨国公司在动态人才管理、知识管理、开放创新和可持续性方面采取系统性和一致的行动。这种敏捷性不仅有助于企业应对环境变化，还能够增强跨国公司在全球市场中的竞争优势。

李辉、吴晓云（2023）指出，中国跨国公司通过数字技术和关系型战略相结合，在海外市场上能够更好地进行资源整合和创新，以获得竞争优势。数字化加速了跨国公司对国际市场的识别和机遇的捕捉，显著提升了其在全球市场中的竞争力。

（4）区位选择研究。东道国在土地、劳动力、自然资源等方面的要素禀赋与人口、收入、消费结构等方面的市场规模和容量决定了传统跨国公司最终的投资区位。数字基础设施、新兴技术、数字产业、专业人才等开放资源优势扩大了东道国资源的范围，产生、更新、反馈数据资源的效率丰富了东道国市场的潜力和创造力，构成数字型跨国公司海外营收与竞争优势的新增长点，是数字型 FDI 选址的决定性外部因素。

随着数字投资领域的竞争愈演愈烈，跨境数据流动、数字技术监管、通信与服务供应链安全等东道国数字制度开始成为影响数字型跨国公司 FDI 区位选择的关键。技术的重要性上升、距离的内涵改变。

Luo（2021）提出跨国公司国际化优势的新视角，认为传统的所有权优势、区位优势和内部化优势在数字全球化时代有所削弱，而开放资源优势、联动优势和整合优势则有所增强。

2. 经济效益研究

（1）数字型跨国公司对新经济业态的促进作用。数字化技术的快速发展改变了跨国公司的营销策略。Musthafa、Sahabudeen（2018）指出，跨国公司通过数字化技术重新定义了产品的价值，特别是通过增值服务和自定义服务增强了客户体验。此外，数字产品的边际成本几乎为零，这使得企业可以利用捆绑销售和订阅模式实现更高的利润。这些新的营销策略提升了跨国公司的市场竞争力，也推动了全球经济的数字化转型。

（2）降低信息不对称与赋能国际贸易。数字技术的广泛应用削弱了企业间的信息不对称，使企业能够通过互联网克服地理距离的限制，从而有效推进企业国际化进程（王欣等，2023）。康茂楠等（2024）指出，数字服务赋能通过价值创造效应和服务型制造效应，显著提升了制造业企业的国际竞争力和对外直接投资能力。

根据刘泽园和郜志雄（2024）的研究，数字跨国公司通过跨境并购不仅扩展了其全球市场，还提高了资源整合效率和经济效益。并购活动使得数字跨国公司能够快速进入高技术领域，显著增强其在全球价值链中的地位。

（3）对全球价值链的重塑与影响：去中介化、定制化与服务化的趋势。企业通过数字平台构建全球化的生态系统，有效降低了跨国交易的成本，同时也增强了各利益相关者之间的协同效应和价值共创能力（王欣等，2023 年）。

数字型跨国公司在推动全球绿色金融和可持续发展方面起到了至关重要的作用。有研究首次提供了关于生态数字化与绿色金融对中东和北非地区可持续环境影响的实证证据。研究发现，生态数字化和绿色金融通过推动可再生能源的发展，有助于实现可持续的环境目标。非可再生能源的使用虽然推动了经济增长，但在可持续发展议程上产生了负面影响。这一研究表明，跨国公司在促进绿色转型和经济增长方面的作用越发显著（Yan et al.，2023）。跨国公司在推动全球数字化和绿色技术转型中扮演了关键角色。Brueck（2024）研究表明，外资跨国公司，尤其是那些在人工智能和绿色技术领域具有专长的公司，通过在中国的创新系统中推动双转型，积极参与了绿色和数字技术整合。研究指出，跨国公司不仅推动了这些技术在区域经济中的发展，还通过跨公司项目和本地机构的合作，实现了绿色技术应用的加速。

有学者关于数字型跨国公司如何影响全球供应链、制造业服务化和生产定制化的讨论也可用作支持论述数字化如何改变跨国公司的运营模式。赵雅玲等（2023）指出，数字型跨国公司通过数字化技术加速了全球价值链的去中介化，增强了供应链的整合能力，同时推动了制造业的服务化和生产流程的定制化。

商务部国际贸易经济合作研究院课题组（2022）的研究也指出全球供应链正在向区域内集聚、多元化和数字化方向发展。研究指出，跨国公司正逐步通过构建数字化和绿色低碳的供应链体系，在中国及整个亚洲市场中寻求新的发展机会。

郭周明、裘莹（2023）提出，中国应通过积累数据要素的比较优势、发展数字平台和智能物流等手段，在全球价值链重构过程中提升其作为区域价值链中心的地位。

（4）对传统跨国公司商业模式与投资路径的影响。随着全球价值链的重构，跨国公司通过创新的商业模式和投资路径应对全球经济格局的变化。焦兵等（2024）指出，跨国公司在全球供应链中的战略调整和区域化布局，不仅体现在其能源投资模式的转变上，也反映了跨国公司通过技术创新与数字化手段加速国际业务的拓展。郭周明（2024）指出，全球价值链重构已经导致了跨国公司战略的分化，特别是在全球化背景下，中国通过提升数字经济实力来优化其在全球价值链中的定位，成为推动价值链重构的重要力量。

（5）公司治理模式的变化：基于平台的数据与虚拟资产的所有权重构。一是在数字经济时代，跨国公司母子公司之间的关系发生了显著变化。有研究指出，数字化通过减少运营成本和提高知识及人才的跨国传输效率，促使跨国公司母公司对子公司活动的控制变得更加紧密。这导致了子公司自主权的下降和总部与子公司管理者之间信任水平的下降。数字化还促进了内部知识水平的横向传输，使子公司能够在全球和本地市场中更具竞争力（Gurkov、Filinov，2022）。二是跨国公司在履行企业社会责任（CSR）方面面临新的挑战和机遇。Chen et al.（2019）研究指出，移动社交媒体在推动跨国公司企业社会责任实践中的作用日益凸显，尤其是在应对灾难时。通过增强企业社会责任，企业能够在全球范围内更有效地与国际公众互动。然而，研究还发现，企业 CSR 动机的不同属性会影响公众的态度，特别是在中美两国，不同动机引发的怀疑程度存在显著差异。根据史丹和余菁（2021）的研究，跨国公司在全球化转型过程中，呈现出明显的战略分化现象，部分公司通过实施集成编排战略，将数字化和无形资产管理作为其全球化战略的核心。而蒋殿春和唐浩丹（2021）研究了中国数字行业并购的特征和影响因素。研究结果表明，东道国市场规模和地理距离对中国数字行业并购的影响较小，但制度距离和文化距离仍然明显影响中国数字行业并购。东道国丰富的数字技术和研发资源是中国数字行业并购的核心驱动力。郭周明（2024）进一步强调，数字经济的迅速发展使得中国跨国公司通过数字化转型，强化了其在全球价值链中的关键节点地位，从而提升了其国际竞争力。

（三）跨国公司数字化转型背景下的重要议题

在跨国公司数字化转型的背景下，全球经济和商业环境发生了深刻变化。这不仅在理论层面上提出了新的研究议题，也在政策层面上引发了广泛讨论。随着数字技术在全球范围内的深入应用，跨国公司的运营方式、区位选择、全球价值链的参与方式等方面均呈现出新的复杂性和挑战。因此，下面两个关键议题需要进一步研究和探讨。

1. 理论研究中的关键议题

（1）数字型跨国公司区位选择的复杂性。数字型跨国公司与传统跨国公司在国际直接投资（FDI）中的区位选择呈现出明显不同的模式。传统跨国公司通常基于地理距离、资源禀赋、市场规模等因素来选择投资目的地。然而，随着数字经济的发展，这些传统因素的重要性逐渐减弱。李潇、韩剑（2023）指出，数字型跨国公司在区位选择时，越来越依赖于数字技术基础设施、数字资源，以及当地的数字市场环境。特别是对于高度依赖数据和技术的企业而言，数字化基础设施的质量和覆盖率直接影响企业的投资决策。

进一步研究需要探讨在不同的经济体中，数字型跨国公司如何根据其业务需求调整区位选择。例如，康茂楠等（2024）指出，制造业企业通过数字服务赋能，在全球投资中的区位选择表现出资本和技术密集型的特点。随着全球对数字基础设施的重视，跨国公司需要在选择投资目的地时综合考虑数据流动的便捷性、信息安全和技术合作等多重因素。因此，未来的研究可以从不同区域、不同产业的角度分析数字型跨国公司区位选择的多样性和复杂性。

（2）数字化平台的研究：对国际经济和贸易的影响。全球价值链正在迅速演变，数字化平台在其中的作用越来越显著。郭周明、裘莹（2023）指出，数字经济时代的全球价值链重构正在推动近岸外包和复杂价值链的区域化，这给跨国公司的投资和运营带来了全新的挑战和机遇。特别是“平台驱动”已成为全球价值链治理的新动力，这一趋势不仅改变了传统的供应链模式，还通过智能物流和数字平台极大地提升了跨国公司的运营效率。

未来研究需要深入探讨跨国公司如何利用数字平台在全球价值链中获取更多的价值。随着平台经济的不断扩展，跨国公司在全球贸易中的角色将变得更加多样化。数字平台不仅可以促进贸易，还能增强跨国公司与本地企业和消费者的互动，形成高度协同的商业生态系统。

（3）全球价值链重组与服务贸易的研究。全球价值链的快速扩张正在经历重大变化，跨国公司在供应链中的角色和地位也在随之调整。史丹、余菁（2021）指出，全球价值链正在从快速扩张向区域化和无形化转变。数字化技术使得服务贸易在全球经济中的地位日益重要，这不仅改变了跨国公司的生产和运营模式，也对其在全球供应链中的位置产生了深远影响。

未来的研究可以进一步探讨数字型跨国公司如何通过服务化转型，重新配置其在全球价值链中的位置。在这一过程中，跨国公司需要依靠数字化技术加强对价值链中上游和下游环节的控制，并通过个性化定制和柔性生产模式增强其市场竞争力。

2. 政策研究中的关键议题

（1）数据要素跨国流动的政策研究：数据安全与全球治理。在全球化和数字化的背景下，跨国公司依赖数据流动来支持其全球运营。然而，随着数据成为重要的战略资源，各国对数据安全和主权的关注日益增加。Honcharova et al.（2023）分析了国际社会对跨国公司活动监管的变化，指出随着全球价值链的数字化，跨国公司在全球治理中的地位越来越重要。特别是，数据安全和数据主权已成为各国政府制定政策的重要议题。

未来的研究可以重点探讨不同国家和地区如何通过法律和政策框架，平衡数据跨国流动与安全监管的关系。例如，国际数据流动的监管模式如何影响跨国公司的全球业务扩展，以及全球治理框架如何适应数字经济时代的数据要素流动。Banalieva et al.（2019）也指出，互联网平台将成为数字服务型跨国公司全球治理的主导模式，研究这些平台的运行机制和监管政策对于制定全球性规则至关重要。

（2）跨国数字平台的反垄断政策：平衡市场公平与企业创新激励。随着数字平台的崛起，垄断和市场不公平竞争的问题日益突出。数字平台的规模效应和网络效应使得“赢家通吃”的局面越来越明显，从而导致市场竞争压力增大。未来研究应重点探讨如何在促进创新和保护市场公平之间找到平衡点。跨国公司如何在全球范围内遵守不同国家的反垄断政策，也将是一个重要的议题。

（3）数字型跨国公司的税收规则研究：全球最低税率与跨国公司的避税问题。数字化正在改变全球税务格局，跨国公司的税收筹划行为越来越复杂。Abarika（2024）指出，数字技术和税务筹划之间存在明显的联系，特别是在转让定价和利润转移方面，跨国公司利用技术进行复杂的税务规划，增加了全球税收治理的难度。

未来的研究需要进一步探讨全球最低税率如何影响跨国公司的税务规划，以及不同国家和地区的税收政策如何适应数字经济的特殊性。这对于跨国公司来说，不仅是一个合规性的问题，也是影响其全球竞争力的重要因素。

（四）未来研究方向

1. 理论与政策研究的进一步深化方向

未来的研究可以基于国际生产折中理论（OLI 理论），深入探讨数字化转型对企业在全球价值链中的地位和角色的影响。随着全球数字化进程的加快，企业通过数字技术提升生产效率和国际竞争力的趋势越来越明显。刘小迪（2024）指出，数字技术的广泛应用极大地促进了中国企业在全球市场中的布局，使其能够更好地适应全球价值链的动态变化。因此，未来研究应继续探讨数字化如何通过所有权、区位和内部化优势的重新定义，帮助企业在全球价值链中获得更高的市场地位和资源整合能力。

与此同时，随着跨国公司通过数字化手段加速跨境并购的进程，全球各国对跨境并购的监管也日趋严格。刘泽园、郜志雄（2024）指出，跨境并购的监管挑战主要体现在国家安全和数据保护领域，特别是在高度依赖数据流动和数字基础设施的行业中，跨国公司将面临更严格的监管。这不仅限制了跨国公司的全球扩展，也对其全球价值链整合提出了更高的要求。因此，未来研究应重点关注全球数字化背景下跨境并购的政策挑战，探讨如何在保障国家安全的前提下实现跨国公司的全球扩展和创新能力提升。

此外，李潇、韩剑（2023）指出，中国的数字型跨国公司在全球范围内的双向投资面临诸多挑战，这包括数字基础设施的差距、国际数字规则的协调与数据安全问题。由于不同国家的数字基础设施建设水平和数字经济发展水平存在较大差异，中国跨国公司在进入全球市场时需要应对日益复杂的政策环境和技术壁垒，所以未来研究需要更加深入地探讨如何通过政策协调和技术合作，推动数字基础设施的全球化布局，从而确保中国跨国公司在全球市场中保持竞争力。

未来的理论与政策研究还应探讨跨国公司如何应对全球数字规则的变化，特别是在数据隐私、数据主权、跨境数据流动等方面，跨国公司如何在合规的前提下实现全球业务拓展。国际合作框架的建立将成为未来政策研究的重要方向，跨国公司在这其中的角色也值得深入探讨。

2. 数字型跨国公司对全球经济格局的长期影响

数字型跨国公司对全球经济格局的影响将是未来研究的重要议题之一。随着全球化和数字化的加速发展，跨国公司通过利用各国税制的漏洞进行激进的税务筹划，不仅在不同国家之间转移利润，还给全球税收治理带来了巨大挑战。Cvetanoska

（2019）指出，全球商业精英通过快速的数字化发展，利用各国税法中的漏洞，采取合法但激进的税务筹划手段，减少跨国公司的应缴税款。尽管这些做法在法律层面上是合规的，但对国家的税收收入和税务监管却造成了负面影响。

未来研究应重点关注如何通过国际税收合作和全球税制改革来应对数字型跨国公司的税务筹划问题。各国政府需要更加紧密地合作，建立统一的税收透明化机制，避免因税务规避行为而导致的国家间不平等竞争。特别是在数字经济蓬勃发展的背景下，跨国公司利用低税率司法管辖区进行税基侵蚀与利润转移（Base Erosion and Profit Shifting，BEPS）的行为，正在加剧全球税收的不公平。Atadoga et al.（2024）研究指出，跨国公司通过这些行为减少了各国的税收收入，并加剧了企业间的不平等竞争。因此，未来研究需要进一步探讨全球税制改革的可行性，特别是在全球最低税率框架下，如何有效限制跨国公司的避税行为。

未来的研究还应考虑跨国公司在不同国家之间的税务规划对其全球竞争力的长期影响。随着数字经济的发展，如何在全球范围内平衡跨国公司对创新激励和税收合规的需求，将成为未来政策研究中的关键议题。研究还可以探讨如何通过建立多边框架协议、加强国际间的税收信息共享，提高全球税法的执行效率，确保跨国公司能够在合规的前提下实现可持续发展。

随着全球数字经济的不断发展，跨国公司在全球经济格局中的长期影响将愈加深远。数字技术的快速迭代将进一步改变跨国公司的商业模式、市场进入策略和全球运营方式。研究还应考虑跨国公司在全球经济中的主导作用，特别是如何通过技术创新推动全球价值链的重组，并对全球经济增长产生积极影响。

附 录

附表 1 世界经济学科文献检索关键词

世界经济	资本链	国际秩序重构	CPTPP
开放度	创新链融合	“入世”	跨太平洋伙伴关系协定
开放型经济	价值链嵌入	复关	经济一体化
全球治理	制造业价值链升级	承诺减让	OECD
世界经济平衡	国际化协调	区域经济一体化	印太经济框架
国际规则	国际分工	区域贸易安排	原产地规则
全球规则	专业化分工	自由贸易协定	USMCA
跨国相关性	产品内分工	FTA	亚太
国际经济秩序	垂直专业化	FTAs	东北亚
跨国供应链	国际生产分割	区域合作	东盟
新兴经济体	全球化悖论	区域经济合作	中亚区域经济合作
三元边际	出口竞争优势	区域协同	CAREC
国际比较	竞争优势	基础设施互联互通	上合组织
全球化	比较优势	地区协同	欧盟
经济全球化	国家特定优势	境外经贸合作区	拉美
全球价值链	国际竞争优势	共建“一带一路”	中国—东盟
全球经济格局	国际分散化生产	对外援助	中日韩
全球经济新格局	多边主义	中欧班列	南亚
全球经济变局	全球要素收入分配	海上丝绸之路	金砖国家
产业链	国际合作	新丝绸之路	亚太经济一体化
产业链重构	经济合作	中东欧	区域全面经济伙伴关系
产业链韧性	全球经济治理	丝绸之路经济带	亚太自由贸易区
人才链	全球贫困治理	中巴经济走廊	亚太区域合作

续表

世界经济	资本链	国际秩序重构	CPTPP
国际供应链	逆全球化	中国—中南半岛经济走廊	亚太战略
供应链管理	区域主义	新亚欧大陆桥经济走廊	中日
产业链升级	单边主义	河西走廊	中韩经济
价值链分工	限制性壁垒	中国—中亚—西亚能源经济圈	中美关系
GVC	WTO	西部陆海新通道	金融危机
GVC 嵌入程度	世界贸易组织	经济联盟	国际金融
全球生产网络	WTO 规则	APEC 区域经济合作	国际金融体系
跨国生产网络	WTO+条款	RCEP	国际金融中心
双链融合	WTO-X 条款	RCEP 政策	全球金融周期
全球创新网络	中国 WTO 改革	TPP	金砖银行
亚投行	金融开放	金融合作	外国直接投资
丝路基金	金融对外开放	世界投资	对外直接投资
全球金融治理	金融制度创新	FDI	国际资本
国际金融组织	金融国际化	OFDI	外商投资
外国投资	海外并购	国际货币博弈	全球产业变革
外商直接投资	投资者—东道国争端解决机制	国际货币制度	欧美主权信用评级
外资并购	国际投资协定	全球资产配置	经济制裁
外资管制	双边投资协定	区域货币合作	海洋经济
利用外资	国际投资规则	流动性周期	市场经济地位
对华直接投资	外资需求	欧元	市场扭曲
国际直接投资	投资过度	美元	经济安全
外资自由化	全球服务业	欧债危机	外需冲击
外资政策	服务业开放	数字经济	国际外部需求
外资进入	服务市场开放	数字技术	输入型通货膨胀
外资参股开放	服务外包	数字治理	产能过剩
外资企业	国际服务市场	全球数字治理	人类命运共同体
外商撤资	服务业开放度	全球数据价值链	中国话语权
资本外流	国际货币体系	数字丝绸之路	开放战略
国际资本市场	人民币	数字化物流体系	开放型世界经济
国际资本流动	人民币汇率	数据产权	开放型经济治理
海外投资	人民币升值	数据价值	制度型开放
跨境投资	人民币国际化	跨境电商	对外开放观
对外投资	人民币兑换	跨境数据流动	开放经济

续表

世界经济	资本链	国际秩序重构	CPTPP
“走出去”	特别提款权	数字帝国主义	高标准开放
企业国际化	数字货币	大国跨境数据战略	高水平对外开放
国际化经营	多国央行数字货币	跨境物流	开放经济战略
跨国公司	美元本位	跨境电子商务	国际竞争力
跨国并购	美元霸权	跨境支付清算体系	中国国力评估
跨国经营	货币联盟	海外专利	“双循环”
跨境支付	货币政策	创新链	区域协调发展
跨境流动	汇率	不确定性	外资市场准入
资本跨国流动	外债	低端锁定	外资准入负面清单
跨境资本流动	汇率波动	俄乌冲突	G20
跨国生产	汇率传递	能源安全	数字化转型
跨国财富效应	汇率溢出效应	大变局	全球税收治理
国际投资	外汇市场	百年变局	全球发展治理
投资决策	关税同盟	大国竞争	全球投资治理
外资开放	经济同盟	大宗商品市场	制度性话语权
全球华商资产	量化宽松	国际油价波动	全球产业治理
全球资金流量	外汇储备	全球衰退	全球人工智能治理
产业转移	SDR	次贷危机	产业组织

参考文献

［1］蔡翠红，于大皓．中国“三大倡议”的全球治理逻辑及实践路径——基于国际公共产品供给视角的分析［J］．东北亚论坛，2023（5）．

［2］曹伟，金朝辉，邓贵川，等．人民币汇率变动、资源转移与产业结构升级［J］．财贸经济，2023（3）．

［3］陈建奇．百年变局下的经济全球化转型与中国角色［J］．当代世界，2024（4）．

［4］陈俊，徐怡然，董望，等．汇率政策、内部控制与风险对冲——基于“8·11汇改”冲击的市场感知视角［J］．管理世界，2023（8）．

［5］陈伟光．后疫情时代的全球化与全球治理：发展趋势与中国策略［J］．社会科学，2022（1）．

［6］陈伟光．大变局下全球经济治理体系重构与中国角色［J］．当代世界，2023（7）．

［7］陈卫东，边卫红，熊启跃，等．本币国际化：理论和现实的困局及选择［J］．国际金融研究，2023（7）．

［8］程惠芳，洪晨翔．区域贸易协定深度对全球价值链前向参与度的不对称影响——基于制度质量的视角［J］．国际商务（对外经济贸易大学学报），2023（3）．

［9］仇华飞．新兴国家参与全球经济治理改革理论与实践路径［J］．社会科学，2022（5）．

［10］戴翔，宋婕．“一带一路”倡议的全球价值链优化效应——基于沿线参与国全球价值链分工地位提升的视角［J］．中国工业经济，2021（6）．

［11］董柞壮．数字货币、金融安全与全球金融治理［J］．外交评论（外交学院学报），2022（4）．

［12］杜声浩．区域贸易协定深度对全球价值链嵌入模式的影响［J］．国际经贸探索，2021（8）．

[13] 高疆. 全球化变局中的世贸组织改革：困境、分歧与前路 [J]. 世界经济研究，2022（11）.

[14] 葛顺奇，陈江滢. 中国企业对外直接投资面对疫情危机新挑战 [J]. 国际经济合作，2020（4）.

[15] 苟琴，李兴申. 重大突发公共卫生事件对新兴经济体跨境股票资本流动的影响 [J]. 中央财经大学学报，2023（12）.

[16] 苟琴，苏小湄，谭小芬. 美国货币政策对新兴市场的溢出效应：跨国企业渠道 [J]. 世界经济，2023（7）.

[17] 顾宾. 中国式多边主义的理论框架与实践观察：以亚投行为重点的分析 [J]. 国际经济评论，2023（5）.

[18] 郭红玉，耿广杰. 美国货币政策不确定性与跨境资本流入——兼论宏观审慎跨部门溢出效应 [J]. 国际金融研究，2023（6）.

[19] 郭继文，马述忠. 目的国进口偏好差异化与中国跨境电子商务出口——兼论贸易演变的逻辑 [J]. 经济研究，2022（3）.

[20] 韩剑，刘逸群，郑航. 深度区域贸易协定的第三方效应与企业出口存续：信息成本的视角 [J]. 经济研究，2024（3）.

[21] 韩永辉，张帆，彭嘉成. 秩序重构：人工智能冲击下的全球经济治理 [J]. 世界经济与政治，2023（1）.

[22] 何伟文. 全球贸易治理视角下世贸组织改革问题 [J]. 当代世界，2021（8）.

[23] 洪俊杰，杨志浩，芈斐斐. 研判新形势下经济全球化趋势 [J]. 国际经济合作，2021（2）.

[24] 胡浩然，宋颜群. 跨境电商改革与工资收入：一个新开放视角 [J]. 财经研究，2022（5）.

[25] 胡键. 经济全球化的新态势与全球经济治理的变革 [J]. 国际经贸探索，2022（8）.

[26] 胡键. 全球数字治理：理论问题、价值目标和治理工具 [J]. 国际经贸探索，2024（7）.

[27] 黄亮雄，路超，韩永辉，等. 自由贸易协定能否降低国际不平等交换——基于中国的实证研究 [J]. 财经研究，2023（10）.

[28] 黄新飞，廉胜南，蔡睿思. 资本流入激增与系统性金融风险——基于 ΔCoVaR 方法的实证分析 [J]. 国际金融研究，2023（3）.

［29］纪文华. WTO 争端解决机制改革研究：进展、挑战和方案建构［J］. 国际经济评论，2023（6）.

［30］靳也. 国际投资争端解决中透明度机制的新发展——强制性与任意性的规则模式选择［J］. 国际法学刊，2021（2）.

［31］鞠建东. 不称王 稳市场 谋共享——试论中国的大国竞争战略［J］. 清华金融评论，2023（6）.

［32］蓝天，赵锋祥. 区域贸易协定与全球价值链重塑——演变、深化与影响机制［J］. 南开经济研究，2023（10）.

［33］黎峰. 逆全球化浪潮：内在逻辑、发展前景与中国方略［J］. 经济学家，2022（11）.

［34］李计广，郑育礼.“双失灵理论”视角下的 WTO 改革与路径［J］. 国际贸易，2022（11）.

［35］李计广，郑育礼，田丰. WTO 争端解决机制改革的经济学分析［J］. 亚太经济，2023（2）.

［36］李小平，余娟娟，余东升，等. 跨境电商与企业出口产品转换［J］. 经济研究，2023（1）.

［37］李志远，陈鸣. 区域性“全球价值链”下的自由贸易协定［J］. 财经研究，2023（10）.

［38］梁国勇. 全球数字贸易规则制定的新趋势与中国的战略选择［J］. 国际经济评论，2023（4）.

［39］刘斌，顾聪. 跨境电商对企业价值链参与的影响——基于微观数据的经验分析［J］. 统计研究，2022（8）.

［40］刘嘉伟. 全球金融周期影响、跨境资本流动与宏观审慎管理有效性［J］. 金融论坛，2023（7）.

［41］刘津宇，苏治. 债券市场开放的价格效应与境外货币政策传导［J］. 世界经济，2023（12）.

［42］刘玉荣，杨柳，刘志彪. 跨境电子商务与生产性服务业集聚［J］. 世界经济，2023（3）.

［43］马海涛，姚东旻，孟晓雨，等. 国际税收治理体系的演进：基于全球税收协定网络的形成［J］. 世界经济，2023（5）.

［44］马述忠，郭继文. 制度创新如何影响我国跨境电商出口？——来自综试区设立的经验证据［J］. 管理世界，2022（8）.

[45] 马述忠，贺歌，郭继文. 如何缓解跨境交易中的信息不对称？——来自跨境电商质量认证的经验证据［J］. 数量经济技术经济研究，2024（6）.
[46] 马述忠，沈雨婷. 数字贸易与全球经贸规则重构［J］. 国际经济评论，2023（4）.
[47] 马涛. 全球贸易投资治理变革新进展与中国贡献［J］. 国家治理，2023（21）.
[48] 梅冬州，宋佳馨，谭小芬. 跨境资本流动、金融摩擦与准备金政策分化［J］. 经济研究，2023（6）.
[49] 梅冬州，张咪. 货币政策外溢与中国宏观政策选择［J］. 数量经济技术经济研究，2024（1）.
[50] 门洪华. 中国三大全球倡议的战略逻辑［J］. 现代国际关系，2023（7）.
[51] 孟为，姜国华. 汇率政策不确定性与企业信贷融资：基于外币贷款视角［J］. 世界经济，2023（3）.
[52] 莫金焕. "一带一路" 倡议与全球贸易治理体系重构［J］. 国际公关，2023（16）.
[53] 牛东芳，黄雅卉，黄梅波. 世界银行营商环境新评估体系：影响机制、改革路径与中国对策［J］. 国际贸易，2023（12）.
[54] 欧明刚，杨佩玮. 国际资本流动研究新进展［J］. 经济学动态，2023（6）.
[55] 潘彤，刘斌，包雅楠. 跨境电商平台与企业出口多元化：基于市场和产品双重视角的经验分析［J］. 世界经济研究，2024（5）.
[56] 裴长洪，倪江飞. 坚持与改革全球多边贸易体制的历史使命——写在中国加入WTO 20 年之际［J］. 改革，2020（11）.
[57] 彭水军，吴腊梅. 中国在全球价值链中的位置变化及驱动因素［J］. 世界经济，2022（5）.
[58] 彭水军，周杰，史元. 区域贸易协定深化与全球价值链嵌入：区分一般贸易与加工贸易的经验研究［J］. 经济学家，2024（2）.
[59] 钱学锋，刘钊. 国际贸易政策体系调整与中国的应对——基于全球价值链视角［J］. 开放导报，2022（4）.
[60] 钱学锋，裴婷. 后疫情时代的全球贸易治理与中国的战略选择［J］. 国际商务研究，2022（6）.
[61] 沈国兵，沈彬朝. 高标准贸易协定与全球供应链韧性：制度环境视角［J］. 经济研究，2024（5）.
[62] 沈伟，陈徐安黎. WTO 规则视角下供应链安全规范检视及应对［J］. 国际经济评论，2023（6）.

［63］沈玉良，彭羽，高疆，等. 是数字贸易规则，还是数字经济规则？——新一代贸易规则的中国取向［J］. 管理世界，2022（8）.

［64］盛斌，陈丽雪. 区域与双边视角下数字贸易规则的协定模板与核心议题［J］. 国际贸易问题，2023（1）.

［65］史丹，聂新伟，齐飞. 数字经济全球化：技术竞争、规则博弈与中国选择［J］. 管理世界，2023（9）.

［66］宋科，侯津柠，夏乐，等."一带一路"倡议与人民币国际化——来自人民币真实交易数据的经验证据［J］. 管理世界，2022（9）.

［67］宋科，朱斯迪，夏乐. 双边货币互换能够推动人民币国际化吗？——兼论汇率市场化的影响［J］. 中国工业经济，2022（7）.

［68］苏长和. 大变局下的全球治理变革：挑战与前景［J］. 当代世界，2021（7）.

［69］苏长和. 全球治理的危机与组织变革［J］. 当代世界，2022（10）.

［70］谭小芬，曹倩倩，苟琴，等. 美元汇率对企业投资的影响及其传导机制［J］. 财贸经济，2023（3）.

［71］谭小芬，李兴申. 跨境资本流动管理与全球金融治理［J］. 国际经济评论，2019（5）.

［72］唐学朋，余林徽，王怡萱，等. 跨境电子商务与中国家庭福利——基于家庭消费视角的实证研究［J］. 数量经济技术经济研究，2023（11）.

［73］陶立峰. 国际投资协定新动向及对中国的启示——以《巴西—印度投资合作和便利化协定》为样本［J］. 国际经济评论，2021（6）.

［74］佟家栋，鞠欣. 经济全球化与发展中大国的制度完善——基于中国经验的阐释［J］. 世界社会科学，2023（1）.

［75］佟家栋，鞠欣. 经济全球化发展新趋势与中国应对［J］. 开放导报，2023（5）.

［76］屠新泉. 全球产业链重构与全球贸易治理体系变革［J］. 当代世界，2023（7）.

［77］屠新泉，曾瑞. 贸易政治化对全球贸易治理的影响与应对［J］. 开放导报，2022（5）.

［78］王达，高登·博德纳. 主权债券泡沫、美元依赖性与数字金融对全球金融治理的挑战［J］. 国际经济评论，2020（5）.

［79］王嘉珮，徐步. 全球发展倡议：时代特点与实践路径［J］. 现代国际关系，2023（7）.

［80］王晓芳，鲁科技. 国际货币体系改革与人民币国际化［J］. 经济学家，2023（2）.

[81] 吴鹏杰，何茂春. 国际贸易关税治理新趋势与中国选择 [J]. 国际税收，2023 (9).
[82] 吴志成. 新的动荡变革期全球治理发展的重要特征 [J]. 现代国际关系，2023 (1).
[83] 伍穗龙，陈子雷. 从 NAFTA 到 USMCA：投资争端解决机制的变化、成因及启示 [J]. 国际展望，2021 (3).
[84] 谢世清，黄兆和. 当代国际货币基金组织的改革 [J]. 宏观经济研究，2022 (2).
[85] 杨继军，艾玮炜. 区域贸易协定竞争政策、第三方信号效应对外资流入的影响 [J]. 国际贸易问题，2023 (1).
[86] 杨连星，王秋硕，张秀敏. 自由贸易协定深化、数字贸易规则与数字贸易发展 [J]. 世界经济，2023 (4).
[87] 杨明真，张发林. 制度变迁与权力博弈：国际货币体系的双重困境 [J]. 国际安全研究，2024 (3).
[88] 杨曦，杨宇舟. 全球价值链下的区域贸易协定：效应模拟与机制分析 [J]. 世界经济，2022 (5).
[89] 虞梦微，谭小芬，赵茜，等. 全球金融周期与新兴市场跨境债券资本流动管理——来自 EPFR 跨境债券基金的证据 [J]. 数量经济技术经济研究，2023 (1).
[90] 詹晓宁，齐凡，吴琦琦. 百年变局背景下国际直接投资趋势与政策展望 [J]. 国际经济评论，2024 (1).
[91] 张策，梁柏林，何青. 人民币国际化与中国企业的汇率风险 [J]. 中国工业经济，2023 (3).
[92] 张春，蒋一乐，刘郭方. 中国资本账户开放和人民币国际化的新路径：境内人民币离岸金融体系建设 [J]. 国际经济评论，2022 (4).
[93] 张发林，杨明真，崔阳. 人民币国际化的国别策略与全球货币治理改革 [J]. 国际经贸探索，2022 (2).
[94] 张洪胜，谢月星，杨高举. 制度型开放与消费者福利增进——来自跨境电商综试区的证据 [J]. 经济研究，2023 (8).
[95] 张娟. 区域国际投资协定规则变化、成因及全球投资治理的中国方案 [J]. 世界经济研究，2022 (2).
[96] 张军旗. WTO 诸边谈判模式的优势、法律地位及前景 [J]. 当代世界，2024 (6).
[97] 张礼卿. 全球金融治理面临的八个问题 [J]. 中国外汇，2021 (7).

[98] 张礼卿，陈卫东，肖耿，等. 如何进一步有序推进人民币国际化？[J]. 国际经济评论，2023（3）.

[99] 张礼卿，张宇阳，欧阳远芬. 国际资本流动对系统性金融风险的影响研究[J]. 财贸经济，2023（1）.

[100] 张丽娟. 面向未来的全球贸易治理改革［J］. 当代世界，2021（12）.

[101] 张晓通，陈实. 百年变局下中美全球贸易治理的竞争与合作［J］. 国际贸易，2021（10）.

[102] 张燕雪丹，林佳佳，唐议. 区域贸易协定条约冲突的解决途径探究——以RCEP和CPTPP的条约冲突为视角［J］. 国际贸易，2024（2）.

[103] 张志明，周艳平，尹卉. 区域深度贸易协定与亚太价值链利益分配格局重塑[J]. 国际贸易问题，2024（3）.

[104] 赵忠秀，郑休休. 全球价值链研究的新议程［J］. 国际贸易问题，2024（1）.

[105] 郑志强，马永健，范爱军. 美国货币政策对中国经济的溢出效应——基于贸易融资视角的研究［J］. 国际金融研究，2023（8）.

[106] 周念利. 全球数字贸易治理的主要模式与典型特征［J］. 当代世界，2024（7）.

[107] 周文，冯文韬. 经济全球化新趋势与传统国际贸易理论的局限性——基于比较优势到竞争优势的政治经济学分析［J］. 经济学动态，2021（4）.

[108] 朱丹，武皖，王孝松. 全球价值链中心度与中国企业出口——基于不确定性视角的理论和经验研究［J］. 南开经济研究，2023（10）.

[109] 朱旭. 中国的全球治理观：立论基础、内在逻辑与实践原则［J］. 国际问题研究，2023（2）.

[110] 奥古斯丁·卡斯滕斯，王宇. 全球货币政策和财政政策是如何突破“稳定区域”安全边界的（上）[J]. 金融发展研究，2023（8）.

[111] 奥古斯丁·卡斯滕斯，王宇. 全球货币政策和财政政策是如何突破“稳定区域”安全边界的（下）[J]. 金融发展研究，2023（9）.

[112] 白雄，韩锦绵，张文瑞. 数字经济发展赋能绿色经济增长：后发优势与隧道效应［J］. 统计与决策，2024（1）.

[113] 陈奉先，封文华. 美联储货币政策转向何以诱发国际资本流动“突然停止”：兼论宏观审慎政策工具的有效性［J］. 世界经济研究，2024（1）.

[114] 陈文玲. 美国在几个重要经济领域对华遏制的新动向［J］. 人民论坛·学术前沿，2023（5）.

[115] 陈晓红，李杨扬，宋丽洁，等. 数字经济理论体系与研究展望 [J]. 管理世界，2022（2）.
[116] 陈宗胜. 当前我国经济增长形势研判 [J]. 国家治理，2024（6）.
[117] 陈宗胜，李瑞. 百年未有之大变局与全球化之变动趋势 [J]. 全球化，2023（3）.
[118] 褚晓，熊灵. 欧盟外资安全审查制度：比较、影响及中国对策 [J]. 国际贸易，2022（6）.
[119] 戴翔，张二震. 制度型开放推动新质生产力发展：逻辑与路径 [J]. 南通大学学报（社会科学版），2024（4）.
[120] 邓宇. 全球经济复苏增长的动力与阻力 [J]. 中国金融，2024（9）.
[121] 丁一凡. 全球经济进入低迷期的中国增长方案 [J]. 技术经济与管理研究，2024（2）.
[122] 董津津，刘家树. 构建产学研协同创新机制的政策演进、总体布局与实施路径研究——以安徽省为例 [J]. 科学管理研究，2024（2）.
[123] 高帆. 新兴市场国家经济发展的基本特征与前景研判 [J]. 人民论坛，2024（2）.
[124] 高飞，竺彩华，袁征，等. 2023 年国际形势回顾与展望 [J]. 和平与发展，2024（1）.
[125] 高原. 秩序危机与制度渐变：拜登政府的世界贸易秩序改革方略 [J]. 世界经济与政治论坛，2022（6）.
[126] 胡晓鹏，李琦. 经济周期叠加、美国货币政策与中国的战略应对 [J]. 世界经济研究，2024（5）.
[127] 江小涓，孟丽君，魏必. 以高水平分工和制度型开放提升跨境资源配置效率 [J]. 经济研究，2023（8）.
[128] 姜云飞. 欧盟产业补贴规则调整及其对中欧合作的影响 [J]. 当代世界与社会主义，2024（2）.
[129] 金碚. 经济全球化形态的和平衍化期望 [J]. 海南大学学报（人文社会科学版），2023（3）.
[130] 郎昆，郭美新，龙少波. 数字经济与新型全球化：全球化生命周期理论的分析框架 [J]. 上海经济研究，2023（7）.
[131] 黎峰. 全球经济治理“双重困境”下的中国角色及担当 [J]. 当代经济研

究，2023（7）.

［132］李稻葵，郭美新，郎昆，等. 世界经济增长引擎、新型全球化引领者、政府与市场经济学：中国式现代化对世界经济的贡献［J］. China Economist，2023（2）.

［133］李平，杨雪，史亚茹. 中国式现代化道路下制度型开放的逻辑阐释与发展路径［J］. 南开经济研究，2024（6）.

［134］李瑞琴，王超群，陈丽莉. 以制度型开放助推新质生产力发展：理论机制与政策建议［J］. 国际贸易，2024（3）.

［135］李帅宇. 产业政策实践与美欧关系中的摩擦和协调［J］. 欧洲研究，2023（5）.

［136］李晓华. 数字科技、制造业新形态与全球产业链格局重塑［J］. 东南学术，2022（2）.

［137］李正图，朱秋. 数字经济全球化：历史必然性、显著特征及战略选择［J］. 兰州大学学报（社会科学版），2024（2）.

［138］梁昊光，黄伟. 科技创新驱动新质生产力及其全球效应［J］. 财贸经济，2024（8）.

［139］廖淑萍，王有鑫. 全球经济增长动力回落，分化可能加剧［J］. 世界知识，2024（2）.

［140］林跃勤. 中国对全球经济治理变革推动引领作用研究［J］. 亚太经济，2024（2）.

［141］刘彬，陈伟光. 制度型开放：中国参与全球经济治理的制度路径［J］. 国际论坛，2022（1）.

［142］刘芳. 波折前行的世界经济：新周期、新平衡、新机遇——2024 年世界经济分析报告［J］. 世界经济研究，2024（1）.

［143］刘国柱. 习近平科技创新思想与中国自主科技创新体系的构建［J］. 美国研究，2024（4）.

［144］刘洪钟. 地缘政治经济视角下的全球供应链重构［J］. 世界经济与政治论坛，2024（2）.

［145］刘金全，申瑛琦，张龙. 贸易政策不确定性的宏观经济效应量化分析［J］. 亚太经济，2023（6）.

［146］刘敏，杨晨琳，吴俊涛. 全球产业链重构下数字经济提升中国产业链韧性的

机理和实现路径［J］. 新经济，2024（2）.
［147］刘雪莲，张觉文. 东北亚国家关系的矛盾性与中国的战略选择——基于全球化与地缘政治交织的视角［J］. 吉林大学社会科学学报，2024（4）.
［148］刘洋. 数字经济、消费结构优化与产业结构升级［J］. 经济与管理，2023（2）.
［149］龙春生，袁征. 大国竞争时代美国对华科技战略探析［J］. 美国研究，2023（4）.
［150］马建堂，蔡昉，高培勇，等. 学习贯彻落实党的二十届三中全会精神笔谈［J］. 中国工业经济，2024（7）.
［151］欧阳向英. 为全球经济治理体系变革贡献中国力量［J］. 国家治理，2024（3）.
［152］潘家华，董秀成，崔洪建，等. 欧洲能源危机及其影响分析［J］. 国际经济评论，2023（1）.
［153］潘圆圆. 发达经济体投资审查制度的兴起［J］. 经济导刊，2023（12）.
［154］戚聿东，沈天洋. 以技术创新推进中国式现代化：逻辑、困境与路径［J］. 四川大学学报（哲学社会科学版），2024（4）.
［155］任保平. 生产力现代化转型形成新质生产力的逻辑［J］. 经济研究，2024（3）.
［156］桑百川. 以进促稳巩固外资基本盘：意义、挑战与发力方向［J］. 人民论坛·学术前沿，2024（3）.
［157］桑百川，武云欣，李川川. 美国限制对华科技投资的演进、影响与应对［J］. 国际贸易，2024（5）.
［158］沈国兵，沈彬朝. 高标准贸易协定与全球供应链韧性：制度环境视角［J］. 经济研究，2024（5）.
［159］盛朝迅. 从产业政策到产业链政策："链时代"产业发展的战略选择［J］. 改革，2022（2）.
［160］石庆焱，石婷，李婧婧，等. 全球经济蹒跚前行复苏前景仍面临多重风险挑战——2023 年世界经济形势分析及 2024 年展望［J］. 全球化，2024（2）.
［161］史丹，聂新伟，齐飞. 数字经济全球化：技术竞争、规则博弈与中国选择［J］. 管理世界，2023（9）.
［162］宋国新. 共建"一带一路"十周年：重大安全成就与风险应对［J］. 东北亚论坛，2024（2）.
［163］宋国友. 全球经济发展的新特征［J］. 人民论坛，2023（12）.
［164］宋国友. 美国对外贸易战略调整及其影响［J］. 当代世界，2024（6）.
［165］宋宪萍. 西方发达国家贸易垄断的政治经济学分析［J］. 当代经济研究，

2024（6）.

［166］苏剑，杨盈竹. 从科技创新看全球经济前景——基于长周期视角［J］. 南方经济，2024（7）.

［167］孙成昊，申青青. 拜登政府的供应链重塑战略：路径与前景［J］. 美国研究，2023（1）.

［168］谭小芬，李兴申，苟琴. 美国贸易政策不确定性与新兴经济体跨境股票资本流动［J］. 财贸经济，2022（1）.

［169］汤铎铎. 全球通货膨胀的根源和走势［J］. 国家治理，2022（15）.

［170］陶锋，王欣然，徐扬，等. 数字化转型、产业链供应链韧性与企业生产率［J］. 中国工业经济，2023（5）.

［171］佟家栋，于博. 新质生产力与高水平对外开放：必要性、一致性与实现路径［J］. 国际经济合作，2024（4）.

［172］王宏淼. 分裂的世界与分化的经济——2023 年全球宏观经济回顾与 2024 年展望［J］. 中国经济报告，2024（1）.

［173］王晋斌. 美联储加息对世界经济的影响［J］. 人民论坛，2022（21）.

［174］王宛. 全球化趋势对我国的影响［J］. 开放导报，2023（6）.

［175］王一鸣. 2024 年全球经济：延续分化态势［J］. 清华金融评论，2023（12）.

［176］王跃生. 全球经济双循环：全球化结构新走向与中国应对［J］. 新视野，2023（2）.

［177］吴春雅，杨静，敖星. 中国数字经济研究的计量可视化分析［J］. 统计与决策，2024（1）.

［178］郗静，卞志村. 全球金融周期、跨境资本流动与货币政策自主性［J］. 世界经济与政治论坛，2024（3）.

［179］肖立晟，杨子荣，栾稀，等. 全球经济的六大特征和四大风险［J］. 中国改革，2024（2）.

［180］邢政君，程慧. 欧盟外资安全审查制度改革与中国的战略应对［J］. 国际经济合作，2022（1）.

［181］徐秀军. 制度型开放与“再全球化”的政治经济学［J］. 国际政治研究，2024（1）.

［182］薛晓源，刘兴华. 数字全球化、数字风险与全球数字治理［J］. 东北亚论坛，2022（3）.

[183] 杨丹辉，渠慎宁. 百年未有之大变局下全球价值链重构及国际生产体系调整方向 [J]. 经济纵横，2021（3）.

[184] 叶海林. 泛安全化背景下的国际信任缺失与重构 [J]. 人民论坛·学术前沿，2024（8）.

[185] 易小准，史蒂文·艾伦·巴奈特，金兴钟，等. 全球产业链新趋势：机遇与挑战 [J]. 国际经济评论，2023（6）.

[186] 余静文，李媛媛. 海外直接投资与美国货币政策不确定性传导——基于创新行为的视角 [J]. 中国工业经济，2024（5）.

[187] 余顺坤，侯咏，张哲人，等. “十五五”时期世界经济增长态势分析 [J]. 宏观经济研究，2024（4）.

[188] 袁波，潘怡辰，王清晨. RCEP 生效一周年：贸易投资进展、原因与启示 [J]. 国际经济合作，2023（5）.

[189] 张二震，戴翔. 经济全球化新变局与中国开放发展新思路 [J]. 学习与探索，2024（6）.

[190] 张俊芳，周代数，张明喜，等. 美国对华投资安全审查的最新进展、影响及建议 [J]. 国际贸易，2023（5）.

[191] 张生玲，张思思，王诺. 中国宏观经济形势回顾与前瞻 [J]. 中国经济报告，2024（1）.

[192] 张燕生. 中国高水平对外开放：机遇挑战和前景 [J]. 全球化，2024（1）.

[193] 张一婷. 2024 年上半年世界和主要经济体市场形势、走势及对策研究 [J]. 中国物价，2024（7）.

[194] 张宇燕，徐秀军. 2023—2024 年世界经济形势分析与展望 [J]. 当代世界，2024（1）.

[195] 赵静梅，田远杰，钟浩. 欧美“逆全球化”的代价——基于国际经济周期协同的视角 [J]. 国际经贸探索，2024（5）.

[196] 赵宁宁，张杨晗. 欧盟的“印太”观及其区域战略 [J]. 东南亚研究，2024（3）.

[197] 郑春荣，吴永德. 欧盟产业政策调整及其对中欧合作的影响 [J]. 当代世界与社会主义，2021（1）.

[198] 郑休休，刘青，赵忠秀. 对华技术性贸易壁垒与国家经济安全 [J]. 国际经济评论，2023（1）.

［199］中国人民大学中国宏观经济分析与预测课题组，于泽，刘元春，通风符. 中国宏观经济报告（2023 年）：从分化到平衡增长［J］. 经济理论与经济管理，2024（1）.
［200］周冬华，彭剑飞，赵玉洁. 中美贸易摩擦与企业创新［J］. 国际贸易问题，2024（11）.
［201］周嘉昕."全球化""反全球化""逆全球化"概念再考察［J］. 南京社会科学，2024（4）.
［202］周文，许凌云. 论新质生产力：内涵特征与重要着力点［J］. 改革，2023（10）.
［203］周一帆. 国家安全例外下的美国对华科技竞争：规则表现、价值转变和实施限度［J］. 世界经济与政治论坛，2024（4）.
［204］朱燕，纪飞峰. 大变局中的全球化发展与我国对策［J］. 宏观经济管理，2023（2）.
［205］竺波亮. 地缘政治竞争和全球价值链［J］. 国际政治研究，2024（3）.
［206］邢伟，尹君. 全球发展倡议的理论内涵、价值规范与实践路径［J］. 特区实践与理论，2024（4）.
［207］董丰，陆毅，许志伟，等. 金融泡沫、脱实向虚与经济增长——动态多部门资产泡沫的理论视角［J］. 经济学（季刊），2024，24（2）：360-378.
［208］刘维林，程倩. 数字产业渗透、全球生产网络与非对称技术溢出［J］. 中国工业经济，2023（3）：96-114.
［209］刘玉荣，杨柳，刘志彪. 跨境电子商务与生产性服务业集聚［J］. 世界经济，2023，46（3）：63-93.
［210］吕越，陈泳昌，张昊天，等. 电商平台与制造业企业创新——兼论数字经济和实体经济深度融合的创新驱动路径［J］. 经济研究，2023，58（8）：174-190.
［211］吕越，谷玮，尉亚宁，等. 人工智能与全球价值链网络深化［J］. 数量经济技术经济研究，2023，40（1）：128-151.
［212］吕越，张昊天，高恺琳. 人工智能时代的中国产业链"延链补链"——基于制造业企业智能设备进口的微观证据［J］. 中国工业经济，2024（1）：56-74.
［213］吕越，张昊天，谢红军. 土地引资、激励扭曲与企业策略性创新——来自工业用地出让的经验证据［J］. 数量经济技术经济研究，2024，41（8）：

113-132.

[214] 吕越，张昊天，薛进军，等. 税收激励会促进企业污染减排吗——来自增值税转型改革的经验证据［J］. 中国工业经济，2023（2）：112-130.

[215] 倪红福，黄靖桐，李善同，等. 增值税分享再测算及其对地方财力的影响——基于投入产出表的分行业消费地原则方法［J］. 数量经济技术经济研究，2023，40（3）：50-69.

[216] 倪红福，田野. 中国经济双循环的动态变迁与国际比较——引入要素权属异质性的全球价值链分解新框架［J］. 经济学（季刊），2023，23（5）：1668-1685.

[217] 倪红福，闫冰倩，吴立元. 生产链长度与PPI—CPI分化——基于全球投入产出价格模型的分析［J］. 中国工业经济，2023，（6）：5-23.

[218] 孙浦阳，宋灿. 贸易网络、市场可达性与企业生产率提升［J］. 世界经济，2023，46（3）：125-153.

[219] 孙浦阳，许茜，于春海. 人民币跨境结算改革与企业出口［J］. 世界经济，2024（2）：32-63.

[220] 田野，倪红福，夏杰长. 国内国际经济循环、产业结构与劳动收入份额变动［J］. 世界经济，2024（2）：3-31.

[221] 颜杰，周茂，李雨浓，等. 外资进入、市场不确定性与本土企业商业信用供给［J］. 中国工业经济，2023（12）：153-170.

[222] 王刚，施新玲. 产业链、供应链、价值链概念探讨和发展水平提升路径研究［J］. 产业创新研究，2022（8）：1-3.

[223] 刘贵富. 产业链的基本内涵研究［J］. 工业技术经济，2007（8）：92-96.

[224] 孙慧，夏学超，祝树森，等. 企业降碳减污协同推进的产业链联动效应［J］. 中国人口·资源与环境，2024，34（3）：16-29.

[225] 徐金海，夏杰长. 全力提升产业链供应链现代化水平：基于全球价值链视角［J］. 中国社会科学院大学学报，2023，43（11）：48-63，133-134.

[226] 秦升. 全球价值链研究 30 年：理论分野与政策变迁［J］. 价格理论与实践，2024（2）：210-214.

[227] 沈厚才，陶青，陈煜波. 供应链管理理论与方法［J］. 中国管理科学，2000（1）：1-9.

[228] 王金圣. 供应链及供应链管理理论的演变［J］. 财贸研究，2003，14（3）：

64-69.

［229］黄亚玲，张岩贵．经济学概念构筑中的空中楼阁——价值链理论述评［J］．经济问题探索，2007（11）：20-23.

［230］廉晓梅，吴金华．国内价值链贸易核算：基于增加值分解与地位测度研究综述［J］．统计与决策，2024，40（13）：130-135.

［231］竺波亮．地缘政治竞争和全球价值链［J］．国际政治研究，2024，45（3）：58-73，6.

［232］宋帅官，汤吉军．财政支持、源头创新与产业链安全［J］．技术经济与管理研究，2024（8）：70-75.

［233］张鹏杨，肖音，刘会政，等．数字化转型对供应链上下游产出波动的非对称影响研究［J］．世界经济，2024（7）：123-152.

［234］李小平，余远，袁凯华，等．出口企业的价值链长度、结构变化与新发展格局［J］．经济研究，2024，59（6）：107-125.

［235］许艺煊，毛顺宇，陆树檀．全球价值链的经济学研究进展［J］．当代经济管理，2024（11）：1-17.

［236］屠新泉．全球产业链重构与全球贸易治理体系变革［J］．当代世界，2023（7）：24-31.

［237］马海倩，朱春临，邹俊．美国制造业回流的成效、特点与启示［J］．宏观经济管理，2024（6）：83-92.

［238］杨丹辉．全球产业链重构的趋势与关键影响因素［J］．人民论坛·学术前沿，2022（7）：32-40.

［239］周禛．全球产业链重构趋势与中国产业链升级研究［J］．东岳论丛，2022，43（12）：129-136.

［240］沈立，刘笑男．全球产业链体系发展态势、格局演变及应对策略［J］．现代经济探讨，2022（5）：53-67.

［241］郭宏，郭鑫榆．后疫情时代全球汽车产业链重构趋势及影响［J］．国际贸易，2021（8）：37-45.

［242］石建勋，卢丹宁，徐玲．第四次全球产业链重构与中国产业链升级研究［J］．财经问题研究，2022（4）：36-46.

［243］占晶晶，崔岩．数字技术重塑全球产业链群生态体系的创新路径［J］．经济体制改革，2022（1）：119-126.

[244] 马晓君，宋嫣琦，于渊博，等. 产业数字化如何走“实”向“深”？——数字要素全产业链溢出的内在逻辑与测算实践［J］. 统计研究，2024，41（7）：29-47.

[245] 吴超楠，袁野，陈燕华，等. 数字技术创新链与产业链的融合升级研究——以新一代人工智能为例［J］. 科学管理研究，2024，42（1）：74-84.

[246] 常晓涵，何海燕，孙磊华，等. 关键核心技术壁垒对中国产业链升级的影响［J］. 北京理工大学学报（社会科学版），2023，25（6）：184-198.

[247] 高姗姗，许彩慧. 中国产业链绿色低碳转型思考［J］. 河北经贸大学学报，2024，45（3）：41-52.

[248] 许彩慧，张开. 全球产业链绿色转型——“双碳”窗口期下中国的机遇、挑战和路径［J］. 国际贸易，2023（12）：29-39.

[249] 张伟，游建民. 全球价值链下产业链绿色低碳化升级研究［J］. 江西财经大学学报，2017（4）：3-13.

[250] 符冠云. 美欧新一轮低碳投资政策的影响及应对［J］. 宏观经济管理，2024（1）：85-92.

[251] 王孝松，崔雨阳. 跨国公司碳中和行动对全球产业链供应链重塑的影响［J］. 江苏行政学院学报，2024（1）：47-53.

[252] 周建军. 全球产业链的重组与应对：从防风险到补短板［J］. 学习与探索，2020（7）：98-107.

[253] 丁晓强，葛海燕. 中国产业链对外风险敞口的动态变迁、国际比较与反事实模拟［J］. 数量经济技术经济研究，2024（10）：1-20.

[254] 宋国友，李雨霏. 拜登政府“现代产业战略”及其影响研究［J］. 东北亚论坛，2024，33（4）：77-90，128.

[255] 何波. 新冠肺炎疫情对我国在全球产业链地位的影响及应对［J］. 国际贸易，2020（6）：45-52.

[256] 刘阳，冯阔，俞峰. 新发展格局下中国产业链高质量发展面临的困境及对策［J］. 国际贸易，2022（9）：20-29，40.

[257] 张兴祥，杨子越. 全球供应链合作困境及其破解思路［J］. 世界社会科学，2023（5）：21-42，241-242.

[258] 张兴祥，杨子越. 地缘政治冲突与全球供应链安全及中国的应对策略［J］. 亚太经济，2023（2）：1-10.

［259］庞中英. 全球供应链治理与全球化的未来［J］. 当代世界，2023（12）：12-17.
［260］喻春娇，胡旭焕，赵佳琦. 区域贸易协定深化对全球供应链韧性的影响［J］. 亚太经济，2024（4）：49-61.
［261］刘家国. 人类命运共同体视域下全球供应链治理体系研究［J］. 学术论坛，2023，46（6）：1-11.
［262］刘纯霞，陈友余，马天平. 全球供应链外部中断风险缓释机制分析——数字贸易的视角［J］. 经济纵横，2022（7）：60-68.
［263］杨继军，金梦圆，张晓磊. 全球供应链安全的战略考量与中国应对［J］. 国际贸易，2022（1）：51-57，96.
［264］杨长春，张潇，何明珂. 大变局下全球中高端制造供应链重构趋势及我国对策［J］. 经济管理，2022，44（5）：5-23.
［265］保建云. 供应链危机、数字经济发展与世界经济格局数字化重构［J］. 人民论坛·学术前沿，2022（7）：71-77.
［266］张树山，胡化广，孙磊，等. 供应链数字化与供应链安全稳定——一项准自然实验［J］. 中国软科学，2021（12）：21-30，40.
［267］陶锋，王欣然，徐扬，等. 数字化转型、产业链供应链韧性与企业生产率［J］. 中国工业经济，2023（5）：118-136.
［268］张树山，谷城. 企业数字化转型与供应链韧性［J］. 南方经济，2024（8）：137-158.
［269］邵军，杨敏. 数字经济与我国产业链供应链现代化：推动机制与路径选择［J］. 南京社会科学，2023（2）：26-34.
［270］张任之. 数字技术与供应链效率：理论机制与经验证据［J］. 经济与管理研究，2022，43（5）：60-76.
［271］王静. 我国制造业全球供应链重构和数字化转型的路径研究［J］. 中国软科学，2022（4）：23-34.
［272］何茜茜，高翔，黄建忠. 工业机器人应用与制造业产业链供应链韧性提升——来自中国企业全球价值链嵌入的证据［J］. 国际贸易问题，2024，（2）：71-89.
［273］谢来辉. APEC 框架下的绿色供应链议题：进展与展望［J］. 国际经济评论，2015（6）：132-147.

［274］于宏源．风险叠加背景下的美国绿色供应链战略与中国应对［J］．社会科学，2022（7）：123-132．

［275］刘宏笪，张济建，张茜．全球供应链视角下的中国碳排放责任与形象［J］．资源科学，2021，43（4）：652-668．

［276］宋华，韩梦玮，于亢亢，等．数字技术如何助力供应链碳减排——基于国网浙江电力的案例研究［J］．南开管理评论，2024，27（1）：27-41．

［277］张俊荣，张凯童，陈全润．数字经济对全球价值链参与稳定性的影响研究［J］．国际贸易问题，2024（1）：68-86．

［278］杨仁发，郑媛媛．数字经济发展对全球价值链分工演进及韧性影响研究［J］．数量经济技术经济研究，2023，40（8）：69-89．

［279］刘洪钟，刘源丹．数字技术投入对我国参与全球价值链重构的影响［J］．南京社会科学，2023（10）：29-41．

［280］何维达，付恩琦．数字新基建对中国参与全球价值链影响的实证分析［J］．经济体制改革，2022（6）：190-196．

［281］吕越，谷玮，尉亚宁，等．人工智能与全球价值链网络深化［J］．数量经济技术经济研究，2023，40（1）：128-151．

［282］刘斌，潘彤．人工智能对制造业价值链分工的影响效应研究［J］．数量经济技术经济研究，2020，37（10）：24-44．

［283］赵文涛，王岚．企业人工智能出口对全球价值链上游攀升和韧性的影响［J］．南方经济，2024（7）：132-150．

［284］何宇，陈珍珍，张建华．人工智能技术应用与全球价值链竞争［J］．中国工业经济，2021（10）：117-135．

［285］吕越，谷玮，包群．人工智能与中国企业参与全球价值链分工［J］．中国工业经济，2020（5）：80-98．

［286］刘文，杨宜晨．全球价值链与深度区域贸易协定：历史演进与发展趋势［J］．山东社会科学，2023（10）：115-124．

［287］侯俊军，王胤丹，王振国．数字贸易规则与中国企业全球价值链位置［J］．中国工业经济，2023（4）：60-78．

［288］张俊娥．制度环境、区域“攀比”与企业全球价值链参与［J］．江汉论坛，2022（7）：40-48．

［289］吕建兴，张少华，张萍．被分割的全球价值链：FTA 中原产地规则对中国参

与全球价值链的影响研究［J］．中国软科学，2024（7）：25-36.
［290］周先平，罗瑞丰，皮永娟．地缘政治风险对全球价值链参与的影响——来自全球39个国家及地区的经验证据［J］．经济问题探索，2023（8）：147-166.
［291］刘会政，宗喆．融资约束对中国区域全球价值链嵌入的影响［J］．国际贸易问题，2020（4）：121-139.
［292］宏结，钟晓欢．新冠疫情叠加中美贸易争端背景下全球价值链新动向研究［J］．国际贸易，2020（9）：4-13.
［293］郑宇，叶子．发展中国家的开放韧性——基于全球价值链的视角［J］．世界经济与政治，2024（1）：38-70，172-173.
［294］盛斌，苏丹妮，邵朝对．全球价值链、国内价值链与经济增长：替代还是互补［J］．世界经济，2020，43（4）：3-27.
［295］王子睿．全球价值链地位与经济韧性——基于省级面板数据的研究［J］．湖南科技大学学报（社会科学版），2024，27（4）：85-96.
［296］任希丽，刘璐，刘宪鑫．全球价值链嵌入位置距离对经济周期联动的影响［J］．统计与决策，2023，39（8）：158-162.
［297］杜直前．数字全球价值链参与对经济韧性的增强效应研究［J］．经济学家，2023（4）：33-43.
［298］赵冉冉，韩孟孟，沈春苗．全球价值链嵌入对产业结构升级的影响——基于中国省级面板数据的区域异质性分析［J］．商业研究，2023（1）：1-10.
［299］蒋瑛，汪琼，杨骁．全球价值链嵌入、数字经济与产业升级——基于中国城市面板数据的研究［J］．兰州大学学报（社会科学版），2021，49（6）：40-55.
［300］吕越，陈帅，盛斌．嵌入全球价值链会导致中国制造的“低端锁定”吗？［J］．管理世界，2018，34（8）：11-29.
［301］刘冬冬，谢会强，郑淑芳．全球价值链嵌入、创新驱动与中国制造业升级［J］．国际商务（对外经济贸易大学学报），2021（3）：17-32.
［302］裴建锁，方勇彪，姜佳彤．嵌入全球价值链助力企业绿色发展：投入结构转型效应的解释［J］．中国工业经济，2024（2）：61-79.
［303］陈书平．数字全球价值链嵌入对城市碳排放绩效的影响［J］．经济问题探索，2024（4）：153-169.
［304］史本叶，杨馥嘉．全球价值链、国内价值链与企业绿色发展［J］．吉林大学

社会科学学报，2024，64（5）：36-54.

[305] 曾宪奎. 后疫情时代我国产业链动态安全性问题研究［J］. 湖北社会科学，2022（8）：74-80.

[306] 王诗卉，谢绚丽. 产业链数字化协同与外部冲击缓解：来自居民生活缴费的证据［J］. 科学学与科学技术管理，2022，43（11）：37-55.

[307] 裘莹，晏晨景，张利国. 数字经济时代我国产业链安全保障体系构建与对策研究［J］. 国际贸易，2022（12）：32-43.

[308] 李晓华. 产业链韧性的支撑基础：基于产业根植性的视角［J］. 甘肃社会科学，2022（6）：180-189.

[309] 陆燕. 全球供应链梗阻下的中国外贸形势解析［J］. 人民论坛，2022（1）：66-70.

[310] 蒋瑛，谢勇. OFDI 对中国制造业全球供应链风险影响研究［J］. 亚太经济，2024（3）：130-140.

[311] 洪银兴，王坤沂. 新质生产力视角下产业链供应链韧性和安全性研究［J］. 经济研究，2024，59（6）：4-14.

[312] 徐士博，章上峰. 数字经济赋能传统产业转型升级的机制与路径研究［J］. 统计与管理，2024，39（6）：4-16.

[313] 余东华，黄念. 数字化转型能够提升产业链韧性吗？［J］. 经济与管理研究，2024，45（8）：81-102.

[314] 许家云，沈含雨. 企业数字化转型如何影响供应链安全？［J］. 世界经济与政治论坛，2024（3）：89-115.

[315] 许益亮，苟建华. 以数字化转型助推产业链供应链韧性提升［J］. 人民论坛·学术前沿，2023（24）：94-97.

[316] 袁朋伟，董晓庆，任缘. 产业链绿色技术创新的同群效应研究［J］. 郑州大学学报（哲学社会科学版），2024，57（1）：50-58，143.

[317] 洪群联. 我国产业链供应链绿色低碳化转型研究［J］. 经济纵横，2023（9）：56-66.

[318] 张其仔，许明. 中国参与全球价值链与创新链、产业链的协同升级［J］. 改革，2020（6）：58-70.

[319] 吴迪. 全球价值链重构背景下我国实现高水平对外开放的战略选择［J］. 经济学家，2023（2）：15-24.

[320] 毛艳华，邱雪情，王龙．“一带一路”贸易便利化与共建国家全球价值链参与［J］．国际贸易，2023（1）：11-20，65.

[321] 高凌云，臧成伟．全球价值链发展趋势与我国对外开放战略［J］．湖南师范大学社会科学学报，2020，49（5）：55-60.

[322] 薛军，周鹏冉．数字化转型与对外直接投资的非线性关系研究［J］．天津师范大学学报（社会科学版），2024（4）：66-77.

[323] 刘小迪，张宏，李清杨．数字化转型赋能中国企业对外直接投资——基于国际生产折衷理论的框架分析［J］．国际经贸探索，2024，40（4）：86-101.

[324] 韩卫辉，张天硕，曲如晓．数字化与对外直接投资新优势——基于我国 A 股上市工业企业的分析［J］．统计研究，2024，41（2）：53-63.

[325] 李潇，韩剑．数字型跨国公司国际直接投资的区位选择：理论变革、新型特点与中国因应［J］．经济学家，2023（10）：65-75.

[326] 王欣，黄速建，付雨蒙．企业数字化对国际化的影响机制研究——一个整合框架［J］．经济与管理研究，2023，44（8）：109-125.

[327] 张俊彦，贾玉成，张诚．东道国数字经济与中国对外直接投资区位决策——基于上市公司数据的研究［J］．上海财经大学学报，2023，25（4）：49-62.

[328] 王晶晶．数字企业对外直接投资的创新效应研究［J］．当代财经，2023（7）：121-131.

[329] 赵雅玲，朱燕，赵天．数字型跨国公司发展分析［J］．产业创新研究，2023（5）：5-8.

[330] 商务部国际贸易经济合作研究院课题组，林梦，路红艳，等．跨国公司在中国：全球供应链重塑中的再选择［J］．国际经济合作，2022（4）：55-66，94.

[331] 高疆，盛斌．跨境数据流动与数字贸易：国内监管与国际规则［J］．国际经贸探索，2024，40（6）：102-120.

[332] 史丹，余菁．全球价值链重构与跨国公司战略分化——基于全球化转向的探讨［J］．经济管理，2021，43（2）：5-22.

[333] 郭周明，裘莹．数字经济时代全球价值链的重构：典型事实、理论机制与中国策略［J］．改革，2020（10）：73-85.

[334] 焦兵，李佳．新发展格局下推进能源国际合作的历史演进、现实依据与路径选择［J/OL］．西安财经大学学报，2024（5）：1-12.

［335］康茂楠，王晓颖，刘娟．制造业数字赋能的 OFDI 促进效应：基于数字服务投入的经验证据［J］．世界经济研究，2024（8）：106-120，137.

［336］李辉，吴晓云．中国跨国公司海外市场进入战略选择与双元创新能力构建——基于数字型和关系型的双重视角［J］．企业经济，2023，42（5）：39-49.

［337］刘泽园，郜志雄．数字跨国公司跨境并购：特征与趋势［J］．商业经济，2024（3）：82-85.

［338］蒋殿春，唐浩丹．数字型跨国并购：特征及驱动力［J］．财贸经济，2021（9）：129-144.

［339］Alessandria，G.，Khan，S. Y. and Khederlarian，A. Taking stock of trade policy uncertainty：Evidence from china's pre-wto accession［J］. Journal of International Economics，2024，150：103938.

［340］Antràs，P.，Redding，S. J. and Rossi-Hansberg，E. Globalization and pandemics［J］. American Economic Review，2023，113：939-981.

［341］Azad，N. F. and Serletis，A. Spillovers of US monetary policy uncertainty on inflation targeting emerging economies［J］. Emerging Markets Review，2022，51：100875.

［342］Bergant，K.，Grigoli，F.，Hansen，N. J. and Sandri，D. Dampening global financial shocks：can macroprudential regulation help（more than capital controls）?［J］. Journal of Money，Credit and Banking，2024，56（6）：1405-1438.

［343］Berger，A.，Gsell，S. and Olekseyuk，Z. Investment facilitation for development：a new route to global investment governance［J］. Briefing Paper，2019（5）.

［344］Bery，S. Walking a middle path：the liberal international order，global economic governance，and India's G20 presidency［J］. Oxford Review of Economic Policy，2024，40（2）：339-349.

［345］Biglaiser，G. and McGauvran，R. J. The effects of IMF loan conditions on poverty in the developing world［J］. Journal of International Relations and Development，2022，25（3）：806.

［346］Bomprezzi，P. and Marchesi，S. A firm level approach on the effects of IMF programs［J］. Journal of International Money and Finance，2023，132：102819.

［347］Carnegie，A. and Clark，R. Reforming Global Governance：Power，Alliance，and

Institutional Performance [J]. World Politics, 2023, 75 (3): 523-565.

[348] Chen, T., Qiu, Y., Wang, B. and Yang, J. Analysis of effects on the dual circulation promotion policy for cross-border e-commerce B2B export trade based on system dynamics during COVID-19 [J]. Systems, 2022, 10 (1): 13.

[349] Chernov, M. and Creal, D. International yield curves and currency puzzles [J]. The Journal of Finance, 2023, 78 (1): 209-245.

[350] Chletsos, M., Sintos, A. The effects of IMF conditional programs on the unemployment rate [J]. European Journal of Political Economy, 2023, 76: 102272.

[351] Chor, D., Manova, K., Yu, Z. Growing like China: Firm performance and global production line position [J]. Journal of International Economics, 2021, 130: 103445.

[352] Coenen, J., Bager, S., Meyfroidt, P., Newig, J. and Challies, E. Environmental governance of China's belt and road initiative [J]. Environmental Policy and Governance, 2021, 31 (1): 3-17.

[353] Cui, Y., Liu, L., Peng, K. International competitiveness and currency internationalization: an application to RMB internationalization [J]. Journal of the Asia Pacific Economy, 2024, 29 (2): 588-611.

[354] Daoud, A., Herlitz, A., Subramanian, S. V. IMF fairness: Calibrating the policies of the International Monetary Fund based on distributive justice [J]. World Development, 2022, 157: 105924.

[355] Davis, J. S. andZlate, A. The global financial cycle and capital flows during the COVID-19 pandemic [J]. European Economic Review, 2023, 156: 104477.

[356] Elsig, M., Klotz, S. Data flow-related provisions in preferential trade agreements: trends and patterns of diffusion [J]. Cambridge University Press, 2021: 42-62.

[357] Engel, C., Wu, S. P. Y. Liquidity and exchange rates: An empirical investigation [J]. The Review of Economic Studies, 2023, 90 (5): 2395-2438.

[358] Ernst, A., Hinterlang, N., Mahle, A., Stähler, N. Carbon pricing, border adjustment and climate clubs: Options for international cooperation [J]. Journal of International Economics, 2023, 144: 103772.

[359] Feng, C., Han, L., Vigne, S., Xu, Y. Geopolitical risk and the dynamics of international capital flows [J]. Journal of International Financial Markets,

Institutions and Money, 2023, 82: 101693.

[360] Ferrari, M. M., Pagliari, M. S. No country is an island. International cooperation and climate change [J]. International Cooperation and Climate Change, 2021.

[361] Gai, P., Tong, E. Information spillovers of US monetary policy [J]. Journal of Macroeconomics, 2022, 72: 103401.

[362] Goes, I. Examining the effect of IMF conditionality on natural resource policy [J]. Economics & Politics, 2023, 35 (1): 227-285.

[363] Goldberg, P. K. The unequal effects of globalization [M]. MIT Press, 2023.

[364] Greenwood, R., Hanson, S., Stein, J. C., Sunderam, A. A quantity-driven theory of term premia and exchange rates [J]. The Quarterly Journal of Economics, 2023, 138 (4): 2327-2389.

[365] Gürkaynak, R. S., Kısacıkoğlu, B., Lee, S. S. Exchange rate and inflation under weak monetary policy: Turkey verifies theory [J]. Economic Policy, 2023, 38 (115), 519-560.

[366] Hassan, R., Loualiche, E., Pecora, A. R., Ward, C. International trade and the risk in bilateral exchange rates [J]. Journal of Financial Economics, 2023, 150 (2): 103711.

[367] Hassan, T. A., Mertens, T. M., Zhang, T. A risk-based theory of exchange rate stabilization", The Review of Economic Studies, 2023, 90 (2): 879-911.

[368] Hoekman, B. M., Mavroidis, P. C., Nelson, D. R. Geopolitical competition, globalisation and WTO reform [J]. The World Economy, 2023, 46 (5): 1163-1188.

[369] Hoekman, B. M., Mavroidis, P. C., Nelson, D. R. Noneconomic Objectives, Global Value Chains and International Cooperation [J]. Italian Economic Journal, 2023, 9 (3): 1089-1110.

[370] Hopewell, K. The (surprise) return of development policy space in the multilateral trading system: what the WTO Appellate Body blockage means for the developmental state [J]. Review of International Political Economy, 2024: 1-26.

[371] Huang, Q. The pandemic and the transformation of liberal international order [J]. Journal of Chinese Political Science, 2021, 26 (1): 1-26.

[372] Irwin, D. A. The Bank, the Fund, and the GATT: Which Institution Most Suppor-

ted Developing-Country Trade Reform? [J]. World Trade Review, 2023, 22 (3-4): 370-381.

[373] Jeanne, O., Sandri, D. Global financial cycle and liquidity management [J]. Journal of International Economics, 2023, 146: 103736.

[374] Jia, K., Chen, S. Global digital governance: paradigm shift and an analytical framework [J]. Global Public Policy and Governance, 2022, 2 (3): 283-305.

[375] Jones, K. Populism, Globalization, and the Prospects for Restoring the WTO [J]. Politics and Governance, 2023, 11 (1): 181-192.

[376] Jongen, H., Scholte, J. A. Inequality and legitimacy in global governance: an empirical study [J]. European Journal of International Relations, 2022, 28 (3): 667-695.

[377] Kim, H. Economic Globalization, Democratization, and Income Inequality: Evidence from East Asia [J]. Asian Survey, 2023, 63 (4): 663-689.

[378] Kirton, J., Larionova, M. Contagious convergent cumulative cooperation: the dynamic development of the G20, BRICS and SCO [J]. International Politics, 2022: 1-29.

[379] Kleimann, D., Poitiers, N., Sapir, A., Tagliapietra, S., Véron, N., Veugelers, R., Zettelmeyer, J. Green tech race? The US inflation reduction act and the EU Net zero industry act [J]. The World Economy, 2023, 46 (12): 3420-3434.

[380] Korsaye, S. A., Trojani, F., Vedolin, A. The global factor structure of exchange rates [J]. Journal of Financial Economics, 2023, 148 (1): 21-46.

[381] Krahnke, T. Doing more with less: The catalytic function of IMF lending and the role of program size [J]. Journal of International Money and Finance, 2023, 135: 102856.

[382] Lastauskas, P., Nguyen, A. D. M. Global impacts of US monetary policy uncertainty shocks [J]. Journal of International Economics, 2023, 145: 103830.

[383] Levy, D. L. COVID-19 and global governance [J]. Journal of Management Studies, 2021, 58 (2): 562.

[384] Li, J., Qian, G., Zhou, K. Z., Lu, J., Liu, B. Belt and Road Initiative, globalization and institutional changes: implications for firms in Asia [J]. Asia Pacific Journal of Management, 2022: 1-14.

[385] Liu, Y., Adejumo, A. V., Adejumo, O. O., Aderemi, T. A. Globalization and economic growth: a sustainability analysis for South Asian Countries [J]. Global Policy, 2022, 13 (4): 507-522.

[386] Luo, Z., Wan, G., Wang, C., Zhang, X. The distributive impacts of the Belt and Road Initiative [J]. Journal of Economic Surveys, 2022, 36 (3): 586-604.

[387] Mavroidis, P. C., Sapir, A. China in the WTO Twenty Years On: How to Mend a Broken Relationship? [J]. German Law Journal, 2023, 24 (1): 227-242.

[388] McWilliam, S. E., Kim, J. K., Mudambi, R., Nielsen, B. B. Global value chain governance: Intersections with international business [J]. Journal of World Business, 2020, 55 (4): 101067.

[389] Murphy, C. N. The emergence of global governance [J]. In International Organization and Global Governance, 2023: 23-34.

[390] Nae, T. M., Florescu, M. S., Bălăşoiu, G. I. Towards social justice: Investigating the role of labor, globalization, and governance in reducing socio-economic inequality within post-communist countries [J]. Sustainability, 2024, 16 (6): 2234.

[391] Obstfeld, M., Zhou, H. The global dollar cycle [J]. Brookings Papers on Economic Activity, 2022, 2: 361-447.

[392] Oskolkov, A. Exchange rate policy and heterogeneity in small open economies [J]. Journal of International Economics, 2023, 142: 103750.

[393] Pal, S. Do economic globalization and the level of education impede poverty levels? A non-linear ARDL approach [J]. The Journal of Economic Inequality, 2024: 1-47.

[394] Qian, J., Vreeland, J. R., Zhao, J. The impact of China's AIIB on the World Bank [J]. International Organization, 2023, 77 (1): 217-237.

[395] Qiu, Y., Chen, T., Cai, J., Yang, J. The Impact of government behavior on the development of cross-border e-commerce B2B export trading enterprises based on evolutionary game in the context of "Dual-Cycle" policy [J]. Journal of Theoretical and Applied Electronic Commerce Research, 2022, 17 (4): 1741-1768.

[396] Shehzad, K., Zaman, U., José, A. E., Koçak, E., Ferreira, P. An officious impact of financial innovations and ICT on economic evolution in china: revealing the

substantial role of BRI [J]. Sustainability, 2021, 13 (16): 8962.

[397] Shim, S. Who is credible? Government popularity and the catalytic effect of IMF lending [J]. Comparative Political Studies, 2022, 55 (13): 2147-2177.

[398] Tørsløv, T., Wier, L., Zucman, G. Externalities in international tax enforcement: Theory and evidence [J]. American Economic Journal: Economic Policy, 2023, 15 (2): 497-525.

[399] UNCTAD, World Investment Report, 2023.

[400] UNCTAD, World Investment Report, 2024.

[401] Underhill, G. R., Jones, E. Optimum financial areas: Retooling the governance of global finance [J]. The World Economy, 2023, 46 (6): 1582-1608.

[402] Vertinsky, I., Kuang, Y., Zhou, D., Cui, V. The political economy and dynamics of bifurcated world governance and the decoupling of value chains: An alternative perspective [J]. Journal of International Business Studies, 2023, 54 (7): 1351-1377.

[403] VonLuckner, C. G., Reinhart, C. M., Rogoff, K. Decrypting new age international capital flows [J]. Journal of Monetary Economics, 2023, 138: 104-122.

[404] Wang, C., Liu, T., Wang, J., Li, D., Wen, D., Ziomkovskaya, P., Zhao, Y. Cross-border e-commerce trade and industrial clusters: evidence from China [J]. Sustainability, 2022, 14 (6): 3576.

[405] Wang, Y. C., Tsai, J. J., You, E. The impact of RMB internationalization on the exchange rate linkages in China and ASEAN countries [J]. Applied Economics, 2022, 54 (43): 4961-4978.

[406] Wang, Y. C., Tsai, J. J., Li, S., Huang, Y. The impacts of RMB internationalization on onshore and offshore RMB markets [J]. International Review of Finance, 2023, 23 (3): 502-523.

[407] WTO, World Trade Report, 2022.

[408] Xu, M., Liu, Q., Feng, Y. Can RMB internationalization mitigate US monetary policy spillovers? [J]. Finance Research Letters, 2024: 105746.

[409] Zhang, Y., Tian, K., Li, X., Jiang, X., Yang, C. From globalization to regionalization? Assessing its potential environmental and economic effects [J]. Applied Energy, 2022, 310: 118642.

[410] Aiyar, S., A. Presbitero, M. Ruta. Geoeconomic Fragmentation: The Economic Risks from a Fractured World Economy [M]. CEPR Press, Paris & London, 2023.

[411] Al-Thaqeb, S. A., B. G. Algharabali, K. T. Alabdulghafour. The pandemic and economic policy uncertainty [J]. International Journal of Finance & Economics, 2022, 27 (3): 2784-2794.

[412] Babić, M., A. D. Dixon, I. T. Liu. The Political Economy of Geoeconomics: Europe in a Changing World. Springer Nature [J]. Palgrave Macmillan Cham, 2022: 29-56.

[413] Baker, S. R., N. Bloom, S. J. Davis. Measuring Economic Policy Uncertainty [J]. SSRN Electronic Journal, 2016, 131: 4.

[414] Barbieri, K. Geopolitics and International Trade [J]. Palgrave Macmillan, Cham, 2024.

[415] Bruno, V. , H. S. Shin. Capital Flows and the Risk-Taking Channel of Monetary Policy [J]. Journal of Monetary Economics, 2015, 71: 119-32.

[416] Bu, Q. Can De-Risking Avert Supply ChainPrecarity in the Face of China-U. S. Geopolitical Tensions? From Sanctions to Semiconductor Resilience and National Security [J]. International Cybersecurity Law Review, 2024.

[417] Carballo, J., K. Handley, N. Limão. Economic and Policy Uncertainty: Aggregate Export Dynamics and the Value of Agreements [J]. Journal of International Economics, 2022, 139: 103661.

[418] Cha, V. How to stop Chinese coercion: the case for collective resilience [J]. Foreign Aff, 2023, 102: 89.

[419] Choi, S., D. Furceri. Uncertainty and Cross-Border Banking Flows [J]. Journal of International Money and Finance, 2019, 93: 260-274.

[420] Contractor, F. J. The world economy will need even more globalization in the post-pandemic 2021 decade [J]. Journal of International Business Studies, 2021, 53 (1): 1-16.

[421] Gao, L., R. Huang. Digital transformation and green total factor productivity in the semiconductor industry: The role of supply chain integration and economic policy uncertainty [J]. International Journal of Production Economics, 2024, 274 (8).

[422] Garg, S. Impact of de-globalization on development: Comparative analysis of an emerging market (India) and a developed country (USA) [J]. Journal of Policy Modeling, 2022, 44 (6): 1179-1197.

[423] Lastauskas, P., A. Minh. Global Impacts of Us Monetary Policy Uncertainty Shocks [J]. SSRN Electronic Journal, 2021.

[424] Lin, Z., X. Qian. US Monetary Policy Uncertainty and RMB Deviations from Covered Interest Parity [J]. Economic and Political Studies/Economic and Political Studies, 2022, 11 (1): 75-98.

[425] Lin, Z., X. Qian. US monetary policy uncertainty and RMB deviations from covered interest parity [J]. Economic and Political Studies, 2022, 11 (1): 75-98.

[426] Ma, Z., J. Wang, N. Wang, Z. Xiao. US monetary policy and real exchange rate dynamics: the role of exchange rate arrangements and capital controls [J]. Economics Letters, 2024, 242 (9).

[427] Mariotti, S. Competition policy in the new wave of global protectionism. Prospects for preserving a fdi-friendly institutional environment [J]. Journal of Industrial and Business Economics, 2023, 50 (2): 227-241.

[428] Paudyal, K., C. Thapa, S. Koirala, S. Aldhawyan. Economic Policy Uncertainty and Cross-Border Mergers and Acquisitions [J]. Journal of Financial Stability, 2021, 56: 100926.

[429] Prabhakar, R. J., R. S. Prasad. Tangible and Intangible Impact of AI Usage: AI for Information Accessibility [J]. The International Review of Information Ethics, 2021: 29.

[430] Veile, J. W., M. Schmidt., K. Voigt. Toward a New Era of Cooperation: How Industrial Digital Platforms Transform Business Models in Industry 4.0 [J]. Journal of Business Research, 2022: 143.

[431] Vrontis, D., R. Shams, A. Thrassou, M. Kafouros. Global Strategy Evolution, Devolution or Revolution: Disruptions to Globalization and International Business Introversion [J]. Journal of International Management, 2024: 101188.

[432] Ye, Y., Q. Zhang. The futility of economic sanctions in a globalized and interdependent world: a data-driven game theoretical study [J]. Humanities and Social

Sciences Communications, 2024, 11: 1034.

[433] Zhang, K., G. Deborah. Digitalization, internationalization and green innovation in China: an analysis based on threshold and mediation effects [J]. The Journal of Technology Transfer, 2023: 1-33.

[434] Binz C, Truffer B. The governance of global innovation systems: Putting knowledge in context [J]. Knowledge for Governance, 2020: 397-414.

[435] Braczyk, Hans-Joachim, Philip Cooke, Martin Heidenreich, eds. Regional innovation systems: The role of governances in a globalized world [M]. Routledge, 2003.

[436] Chen Y, Liu H. Critical perspectives on the new situation of global ocean governance [J]. Sustainability, 2023, 15 (14): 10921.

[437] Crouch C, Gales P L, Trigilia C, et al. Local production systems in Europe: Rise or demise? [M]. Oxford University Press, 2001.

[438] Gill A S, Germann S. Conceptual and normative approaches to AI governance for a global digital ecosystem supportive of the UN Sustainable Development Goals (SDGs) [J]. AI and Ethics, 2022, 2 (2): 293-301.

[439] Haug S, Taggart J. Global Development Governance 2.0: Fractured accountabilities in a divided governance complex [J]. Global Policy, 2024, 15 (1): 128-134.

[440] Jaffe R, Koster M. The myth of formality in the global north: Informality-as-innovation in Dutch governance [J]. International Journal of Urban and Regional Research, 2019, 43 (3): 563-568.

[441] Lee J, Gereffi G. Innovation, upgrading, and governance in cross-sectoral global value chains: the case of smartphones [J]. Industrial and Corporate Change, 2021, 30 (1): 215-231.

[442] Li Y, Chen Y, Li Y, et al. Market orientation, alliance governance, and innovation [J]. Journal of Global Information Management (JGIM), 2019, 27 (1): 1-18.

[443] Ossi PIIRONEN, Tero ERKKILÄ. Rankings and global knowledge governance: higher education, innovation and competitiveness [J]. Educational Review, 2022, 74 (3): 741.

[444] Paredes-Frigolett H, Pyka A. The global stakeholder capitalism model of digital

platforms and its implications for strategy and innovation from a Schumpeterian perspective [J]. Journal of Evolutionary Economics, 2022, 32 (2): 463-500.

[445] Ravi S. Home and the "failed" city in postcolonial narratives of "dark return" [J]. Postcolonial Studies, 2014, 17 (3): 296-306.

[446] Saxenian A L. Regional advantage: Culture and competition in silicon valley and route 128, with a new preface by the author [M]. Harvard University Press, 1996.

[447] Seabrooke L, Wigan D. The governance of global wealth chains [J]. Review of International Political Economy, 2017, 24 (1): 1-29.

[448] Taggart J R. Global development governance in the "interregnum" [J]. Review of International Political Economy, 2022, 29 (3): 904-927.

[449] Van denBrande K, Happaerts S, Bruyninckx H. Multi-level interactions in a sustainable development context: different routes for Flanders to decision-making in the UN commission on sustainable development [J]. Environmental Policy and Governance, 2011, 21 (1): 70-82.

[450] Yin H T, Chang C P, Wang H. The impact of monetary policy on green innovation: Global evidence [J]. Technological and Economic Development of Economy, 2022, 28 (6): 1933-1953.

[451] Zhang X. Application performance and innovation effect of ESG indicators in corporate governance under the background of green development: Take Tesla Electric Vehicle Co [J]. International Journal of Global Economics and Management, 2024, 4 (1): 194-198.

[452] Zou T. Technological innovation promotes industrial upgrading: An analytical framework [J]. Structural Change and Economic Dynamics, 2024, 70: 150-167.

[453] Acemoglu D, Aghion P, Bursztyn L, et al. The environment and directed technical change [J]. American Economic Review, 2012, 102 (1): 131-166.

[454] Karmaker C L, Ahmed T, Ahmed S, et al. Improving supply chain sustainability in the context of COVID-19 pandemic in an emerging economy: Exploring drivers using an integrated model [J]. Sustainable Production and Consumption, 2021, 26: 411-427.

[455] Gu M, Yang L, Huo B. The impact of information technology usage on supply chain resilience and performance: Anambidexterous view [J]. International Journal of

Production Economics, 2021, 232: 107956.

[456] Feng Y, Lai K, Zhu Q. Green supply chain innovation: Emergence, adoption, and challenges [J]. International Journal of Production Economics, 2022, 248: 108497

[457] Lerman L V, Benitez G B, Müller J M, et al. Smart green supply chain management: A configurational approach to enhance green performance through digital transformation [J]. Supply Chain Management: An International Journal, 2022, 27 (7): 147-176.

[458] Gopalan S, Reddy K, Sasidharan S. Does digitalization spur global value chain participation? Firm-level evidence from emerging markets [J]. Information Economics and Policy, 2022, 59: 100972.

[459] Ge Y, Dollar D, Yu X. Institutions and participation in global value chains: Evidence frombelt and road initiative [J]. China Economic Review, 2020, 61: 101447.

[460] Gölgeci I, Gligor D M, Bayraktar E, et al. Reimagining global value chains in the face of extreme events and contexts: Recent insights and future research opportunities [J]. Journal of Business Research, 2023, 160: 113721.

[461] Tian K, Dietzenbacher E, Jong-A-Pin R. Global value chain participation and its impact on industrial upgrading [J]. The World Economy, 2022, 45 (5): 1362-1385.

[462] Wang S, He Y, Song M. Global value chains, technological progress, and environmental pollution: Inequality towardsdevelo countries [J]. Journal of Environmental Management, 2021, 277: 110999.

[463] Luo, Y. New OLI Advantages in Digital Globalization [J]. International Business Review, 2021, 30 (2): 101797.

[464] Banalieva, E. R., C. Dhanaraj. Internalization Theory for the Digital Economy [J]. Journal of International Business Studies, 2019, 50 (8): 1372-1387.